Dame
Duell mit flachen Steinen

ECON Ratgeber
Spiele und Unterhaltung

Reiner F. Müller

Dame
Duell mit flachen Steinen

Ein altes Spiel mit modernen Varianten

ETB
ECON Taschenbuch Verlag

Von Reiner F. Müller sind im ECON Taschenbuch Verlag bisher erschienen:
Domino (ETB 20237)
Reisespiele für Kinder (ETB 20298)
Mühle (ETB 20322)

CIP-Titelaufnahme der Deutschen Bibliothek

Müller, Reiner F.:
Dame, Duell mit flachen Steinen: e. altes Spiel mit modernen Varianten / Reiner F. Müller.
Orig.-Ausg. – Düsseldorf: ECON-Taschenbuch-Verl., 1988
(ETB; 20367: ECON-Ratgeber: Spiele und Unterhaltung)
ISBN 3-612-20367-3
NE: GT

Originalausgabe

August 1988
Umschlagentwurf: Ludwig Kaiser
Titelfoto: studio renson
Diagramme: Britta Gläsche

Satz: Computersatz Bonn GmbH, Bonn
Druck- und Bindearbeiten: Ebner Ulm
Printed in Germany
ISBN 3-612-20367-3

Inhaltsverzeichnis

Vorwort

Irgendwie ist es kaum zu verstehen, daß ausgerechnet in Deutschland das Damespiel so schlecht angesehen ist. Wahrscheinlich liegt es daran, daß durch eine Verkettung unglücklicher Umstände die Regeln weggefallen sind, die Dame zu einem interessanten, spannenden und ausgewogenen Spiel gemacht haben.
Unser Damespiel, hier kurzerhand als »Deutsche Dame« bezeichnet, ist, Nationalstolz hin, Nationalstolz her, einfach langweilig. Gelingt es einem Spieler, eine »Dame« zu erringen, so ist diese Spielfigur so übermächtig, daß das Spiel uninteressant wird.
Da wir Sie jedoch nicht langweilen wollen, konzentrieren wir uns auf die Damevarianten, die diesem Spiel in anderen Ländern zu großer Beliebtheit verholfen haben.
»Dame International« ist in England unter der Bezeichnung »Draughts« und in den USA als »Chekkers« bekannt. Diese Variante ist so interessant, daß wir Ihnen dieses Spiel in einer Art »Lernkurs« nahebringen werden. Schritt für Schritt führen wir Sie in Strategie und Taktik dieses Spiels ein. Wir zeigen Ihnen die Feinheiten komplizierter Fallen: wie man sie aufbaut und schließlich zuschnappen läßt.
Außerdem bieten wir Ihnen eine Reihe von Aufgaben an, mit denen Sie sich stundenlang beschäftigen können: sozusagen Ihre Meisterprüfung als Damespieler.
Daß man Dame auch auf einem Spielplan mit 100 Feldern spielen kann, zeigen wir Ihnen bei der »Polnischen Dame«, die auch als »Französische Dame« bei unseren Nachbarn sehr beliebt ist. Kenner halten dieses Spiel wegen des größeren Spielfelds und des sich hieraus ergebenden Variantenreichtums für das beste Damespiel überhaupt. Auch hier zeigen wir Ihnen, wie Sie mit diesem Spiel zurechtkommen können.

Und da wir nicht ausschließen können, daß Sie Dame-süchtig werden, finden Sie jede Menge Damevarianten.
Auf jeden Fall sind wir absolut sicher, daß Sie nach der Lektüre dieses Buches neuen Spaß an dem Spiel mit den flachen Steinen haben werden.
Und falls jemand über Ihre neuerwachte Spielwut und das kindische Damespiel lächeln sollte – dann lassen Sie ihn mal gründlich verlieren.
Sie gewinnen: das Spiel und wahrscheinlich einen neuen Spielpartner!

Dame International

Die Vorbereitung des Spiels

Gespielt wird auf einem normalen Schachbrett mit 8 × 8 Feldern. Das Spielfeld wird so zwischen die beiden Spieler gelegt, daß jeder auf seiner linken Seite ein schwarzes Eckfeld hat. Die rechte Seite des Spielplans zeigt dann eine schwarze »Doppelecke«.

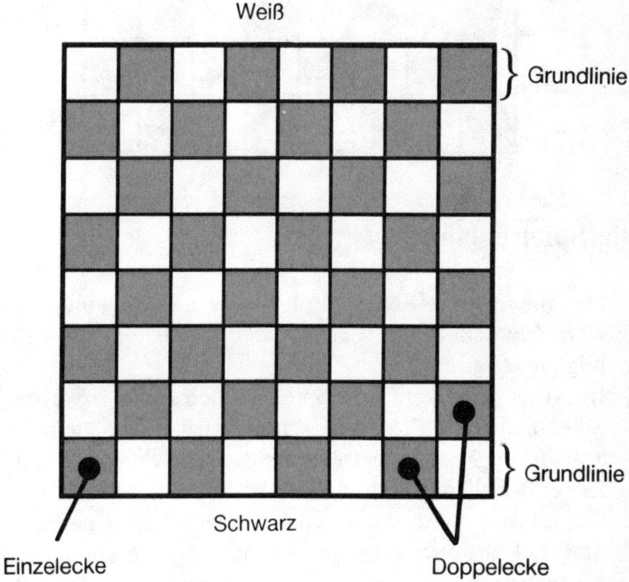

Jeder Spieler erhält 12 flache Spielfiguren einer Farbe, »Steine« genannt. Da Schwarz immer das Spiel eröffnet, wird die Farbe der Steine ausgelost. Im nächsten Spiel werden die Farben getauscht.

Die folgende Abbildung zeigt die Startpositionen aller Steine. Gespielt wird nur auf den 32 schwarzen Feldern des Spielplans. Das heißt, im Damespiel sind nur diagonale Züge möglich.

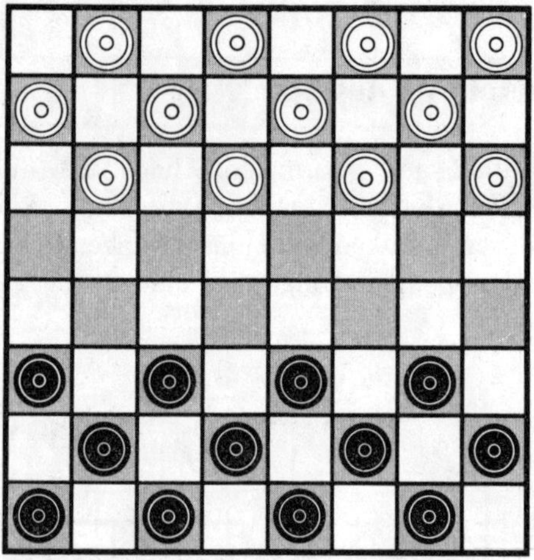

Die Spielregeln

1. Die Spielfarbe wird ausgelost. Schwarz macht immer den ersten Zug. Dann ist Weiß an der Reihe und abwechselnd folgt so Zug um Zug.
2. In einem Zug kann ein Spieler einen Stein bewegen. Ein Stein kann ein Feld weit schräg nach vorne ziehen (vom Spieler weg), auf ein freies Feld. Rückwärts und seitwärts ziehen ist nicht gestattet.
3. Geschlagen wird durch Überspringen eines gegnerischen Steins. Ein Stein kann nur schräg vorwärts schlagen, nicht rückwärts. Geschlagene Steine werden vom Spielfeld genommen.

Im Damespiel gilt absoluter Schlagzwang: Hat ein Spieler eine Schlagmöglichkeit, so muß er sie wahrnehmen – auch wenn er andere, für ihn günstigere Zugmöglichkeiten hätte.

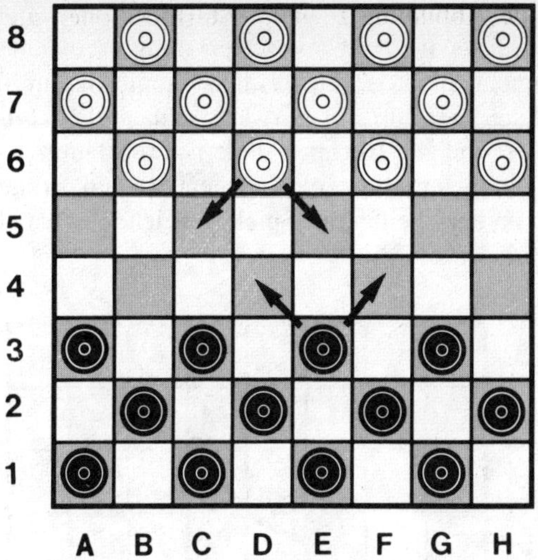

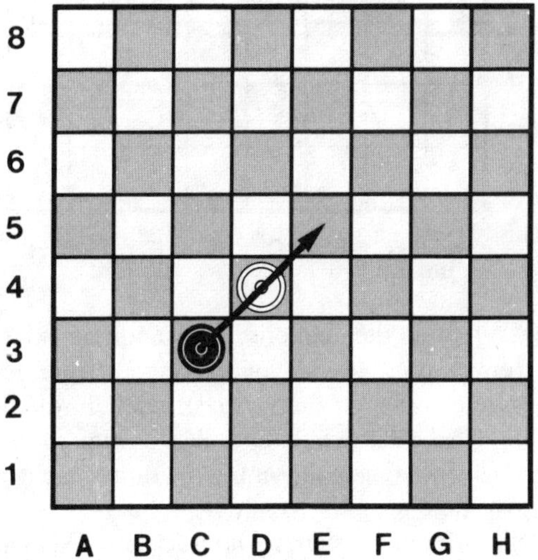

4. Hat ein Spieler einen gegnerischen Stein geschlagen und ergibt sich im Anschluß eine weitere Schlagmöglichkeit, so

muß auch dieser Stein (und eventuell folgende) geschlagen werden. Das heißt: Ein Spieler muß in einem Zug alle Schlagmöglichkeiten nutzen, die sich mit diesem Stein ergeben. Auch hier gilt: nur vorwärts schlagen! Richtungswechsel beim Schlagen (rechts – links) sind erlaubt.

5. Hat ein Spieler mit verschiedenen Steinen Schlagmöglichkeiten, so entscheidet der Spieler, welche der Möglichkeiten er nutzen will.

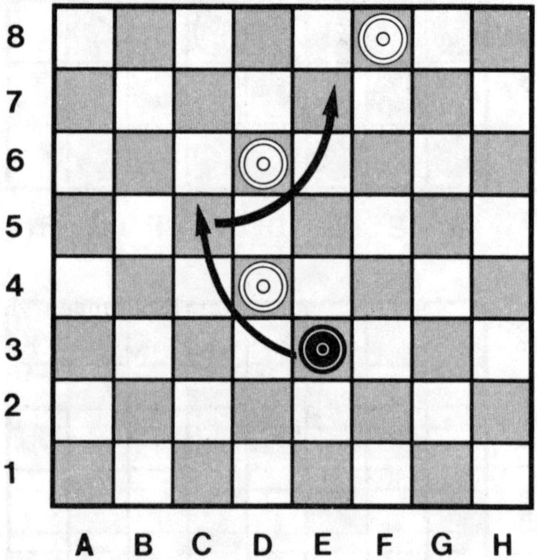

6. Erreicht ein Stein die gegnerische Grundlinie, so wird er zur Dame (ein bereits geschlagener Stein gleicher Farbe wird zur Kennzeichnung auf ihn gesetzt). Die Umwandlung eines Steins in eine Dame beendet diesen Zug; d. h., weitere Schlagmöglichkeiten in diesem Zug können nicht mehr ausgenutzt werden.
7. Eine Dame kann vorwärts und rückwärts ziehen – aber auch nur ein Feld weit (wie ein normaler Stein). Eine Dame schlägt auch wie ein normaler Stein durch Überspringen, allerdings auch rückwärts.

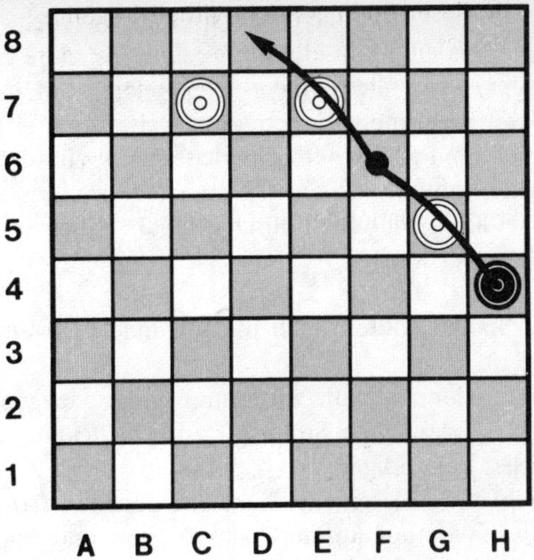

Merke: Eine Dame kann in vier Richtungen ziehen und schlagen.

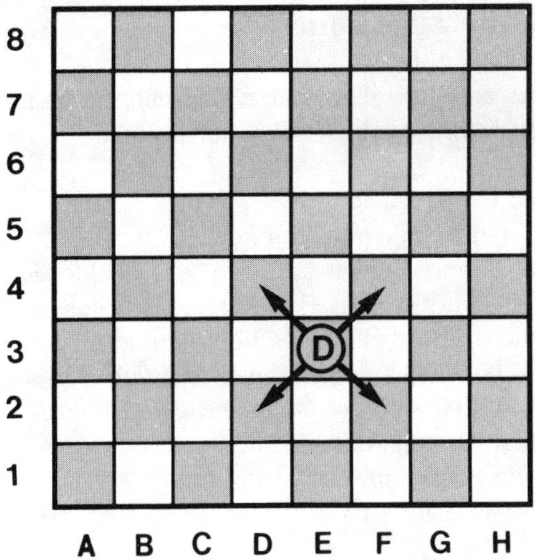

8. Eigene Steine dürfen nicht übersprungen werden.
9. Das Spiel endet, wenn alle Steine eines Spielers geschlagen sind; oder, wenn alle Steine eines Spielers so blockiert sind, daß dieser nicht mehr ziehen kann.
   Ein Spiel kann auch unentschieden enden, zum Beispiel bei Zugwiederholung.
   Ein Spiel kann aber auch durch Aufgabe eines Spielers vorzeitig beendet werden.

Ernsthafte Spieler sollten auch die folgenden Regelungen berücksichtigen.

- Ein Stein, der angefaßt wird, muß auch gezogen werden. Will ein Spieler einen Stein nur zurechtrücken, so muß er das vorher ankündigen.
- Übersieht ein Spieler eine Schlagmöglichkeit, so kann der Gegner ihn darauf aufmerksam machen und auf regelgerechtem Spiel bestehen. Übersieht auch der Gegner diesen falschen Zug und zieht selbst, so gilt der falsche Zug als akzeptiert.

Wie man die Züge notiert

Dame wird auf einem normalen Schachbrett gespielt. Diese Schachbretter tragen die international üblichen Bezeichnungen.
Waagrechte Felderreihen: 1, 2, 3, 4, 5, 6, 7, 8
Senkrechte Felderreihen: a, b, c, d, e, f, g, h
Mit diesen Bezeichnungen läßt sich jedes Feld des Spielplans einwandfrei identifizieren. Für dieses Buch haben wir die im Schach üblichen Bezeichnungen übernommen.
Das Feld »a1« bezeichnet die Einzelecke von Schwarz, die Felder »a7« und »b8« sind die Doppelecke von Weiß.
Züge werden wie folgt dargestellt:

	Schwarz	Weiß
1.	c3 – b4	f6 – e5
2.	b4 – a5	

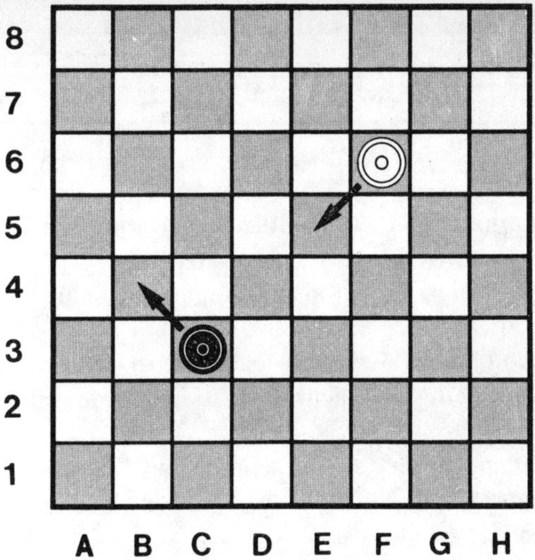

Die »1« steht für den ersten Zug des Spiels.
In der ersten Spalte steht immer der Zug von Schwarz, da Schwarz das Spiel eröffnet.
In der zweiten Spalte folgt dann der Zug von Weiß.
Ein guter Zug wird mit einem Ausrufezeichen markiert (b4 – c5!), ein schlechter Zug mit einem Fragezeichen (d6 – b4?).
Das Schlagen eines Steins wird mit einem »×« dargestellt.

a3 × c5, a3 ×× e7

Werden mehrere Steine hintereinander geschlagen, so steht für jeden geschlagenen Stein ein »×«. Was die Felder betrifft, so wird immer nur das Ausgangsfeld und das Endfeld des ziehenden Steins angegeben.

Lernkurs Dame International

»Dame International« ist eigentlich die Damevariante, die sich international am weitesten durchgesetzt hat.
In England ist dieses Spiel als »Draughts« beliebt, in den USA als »Chekkers«.
Der zentrale Unterschied zur »deutschen« Dame besteht darin, daß die Bewegungsmöglichkeiten der Dame eingeschränkt sind.
Auch die Dame (in der englischsprachigen Literatur als »King« bezeichnet) darf nur ein Feld weit ziehen – aber in alle vier Richtungen.
Diese Regeländerung, so geringfügig sie auch erscheinen mag, macht aus »Dame International« ein interessantes, ausgewogenes Spiel.
Wie Schach ist es ein absolut logisches Spiel, völlig ohne Glücksmoment. Anders als Schach aber ist Dame leichter berechenbar: Alle Steine sind gleichwertig und haben gleiche Zugmöglichkeiten.
Aus diesem Grund ist ein Unentschieden beim Damespiel recht häufig, vor allem, wenn sich zwei Könner gegenübersitzen.
Aber unabhängig vom Ausgang haben Damespiele ihren eigenen Reiz: feine, intelligente Spielzüge, deren Faszination sich nicht einmal große Schachspieler entziehen konnten.
Wir hoffen, daß wir Ihnen möglichst viel von dieser Faszination vermitteln können.

Zur Durchführung des Kurses

Sie können diesen Kurs für sich allein durchführen.
Verwenden Sie ein ganz normales Schachbrett, das nach Möglichkeit mit den üblichen Randbezeichnungen versehen ist.

Besitzen Sie kein solches Brett, so können Sie ein Schachbrett mit Aufklebern versehen, auf das Sie die üblichen Bezeichnungen schreiben.
Mit Hilfe dieser Bezeichnungen können Sie alle Beispiele in diesem Buch problemlos nachspielen.
Das müssen Sie sogar, wenn Sie etwas bei unserem Damekurs lernen wollen.

1. Bauen Sie jedes Beispiel dieses Buches auf Ihrem Damebrett auf!
2. Spielen Sie jeden Zug nach. Wenn es sein muß, mehrfach.
3. Probieren Sie andere Zugmöglichkeiten aus. Auch solche, die nicht angegeben sind!
4. Nur durch Üben werden Sie ein besserer Damespieler!

Grundsätzliches zu Dame International

Einige grundsätzliche Erkenntnisse möchten wir dem Lernkurs voranstellen. Der besseren Übersicht halber haben wir eine möglichst kurze Darstellungsform gewählt. Das Erproben und Einüben der entsprechenden Taktik erfolgt dann im eigentlichen Lernkurs.
Die Kenntnis und Berücksichtigung dieser Rahmenbedingungen sind für ein besseres Spiel unabdingbar.

Die Bedeutung von Feldern zu Beginn des Spiels
Beim Beginn eines Spiels haben bestimmte Felder für den jeweiligen Spieler einen erhöhten Wert.

Folgende Aufgaben haben die Steine zu erfüllen:
- Einschränkung der Beweglichkeit gegnerischer Steine durch Blockade oder Schlagdrohung;
- Verteidigung der Grundlinie;
- Abtauschdrohungen.

Günstig für diese Zwecke sind Steine auf:
Für Schwarz: c1, e1, d2
Für Weiß: d8, f8, e7

Ungünstig für diese Zwecke sind Steine auf:
Für Schwarz: a3, h2
Für Weiß: h6, a7

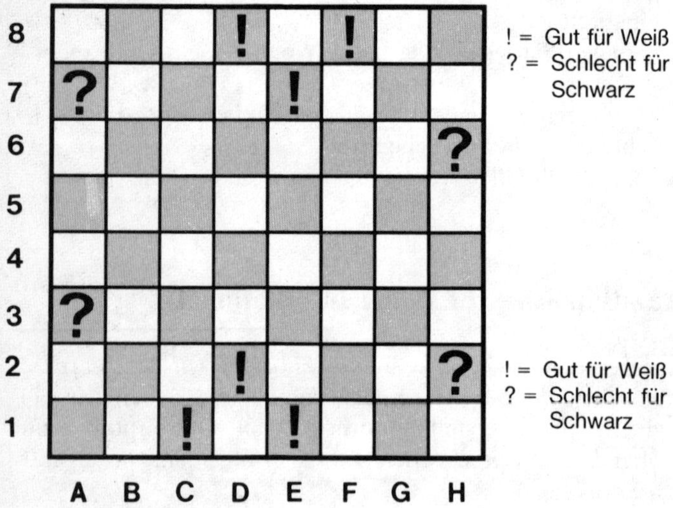

Eine Aufsummierung der »starken« Felder für jeden Spieler ergibt insgesamt das folgende Bild:

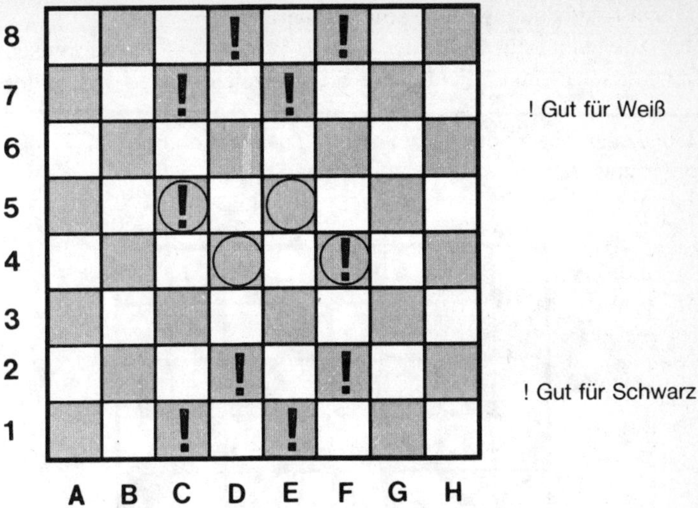

- stark in Verteidigung, Bewegungsradius und Abtauschdrohung:
  für Schwarz: c1, e1, d2
  für Weiß: d8, f8, e7
- etwas schwächer im Bewegungsradius, dafür Verstärkung der Doppelecke:
  für Schwarz: f2
  für Weiß: c7
- ebenfalls stark:
  für Schwarz: f4 (Blockade von h6, Aktionsraum für h2) auch wichtig für Weiß, da Blockade von h2
  für Weiß: c5 (Blockade von a3, Aktionsraum für a7) auch wichtig für Schwarz, Blockade von a7

Von zentraler Bedeutung im ganzen Spiel sind die Schlüsselfelder im Zentrum:

d4 – f4 – c5 – e5

Die Kontrolle dieser Felder bedeutet die Kontrolle über das Zentrum des Spielfelds.

Der Bewegungsspielraum von Steinen

Je beweglicher ein Stein, desto mehr Felder kann er theoretisch erreichen. Je mehr Felder ein Stein erreicht, desto wertvoller kann er sein.

Die folgende Abbildung zeigt den Zusammenhang von Positionen und Bewegungsspielraum eines Steins.

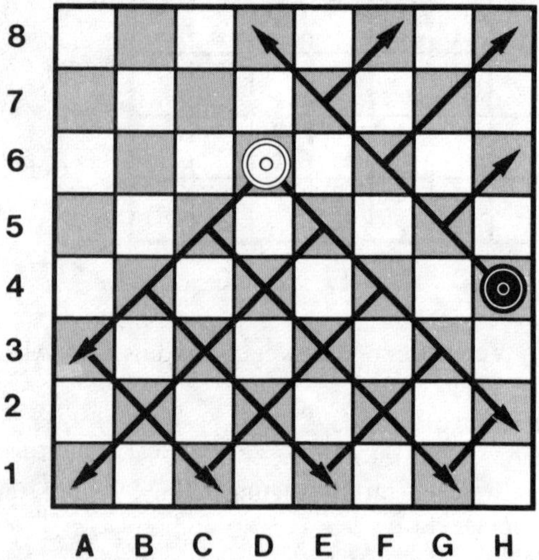

Halten Sie sich immer vor Augen, daß Steine auf Randfeldern nur begrenzte Möglichkeiten haben. Es müssen gute Gründe vorliegen, um einen Stein auf ein Randfeld zu ziehen.

Einzelecke – Doppelecke

Jeder Spieler hat links vor sich auf dem Damebrett eine »Einzelecke« und rechts eine »Doppelecke«.

Ein Stein in der Einzelecke kann von einem gegnerischen Stein problemlos blockiert werden. Das gilt auch für eine Dame.

Eine Dame in der Doppelecke dagegen kann nur von zwei gegnerischen Damen daraus vertrieben werden.

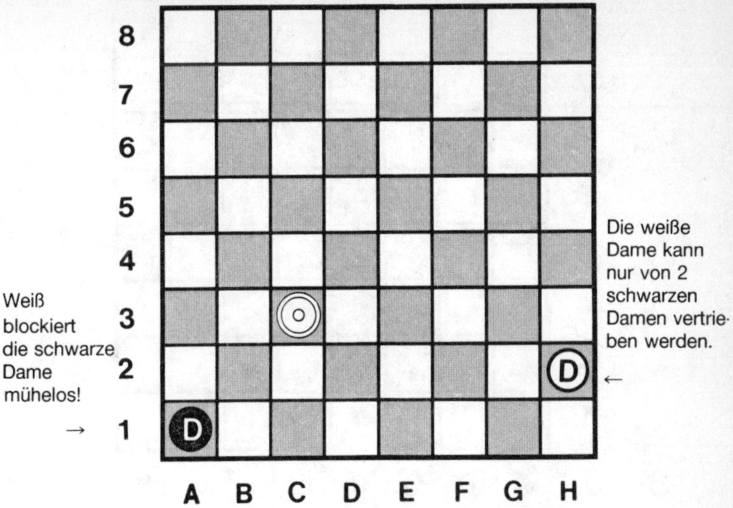

Die Übermacht

Entscheidend für die Spielstrategie ist die Erkenntnis, daß die zahlenmäßige Überlegenheit normalerweise ein Spiel zugunsten des Stärkeren entscheidet.

Ein einziger Stein mehr kann den entscheidenden Vorteil bedeuten! Noch stärker gilt das, wenn ein Spieler über eine Dame oder mehr Damen verfügt.

Der »Nachzug«

Die sonst eher nebensächliche Tatsache, wer am Zug ist, wirkt sich bei Dame oft spielentscheidend aus.

Diesen Vorteil, in Ruhe auf die Entscheidung des Gegners warten zu können, nennen wir »Nachzug«.

Die folgende Abbildung erklärt, was gemeint ist.

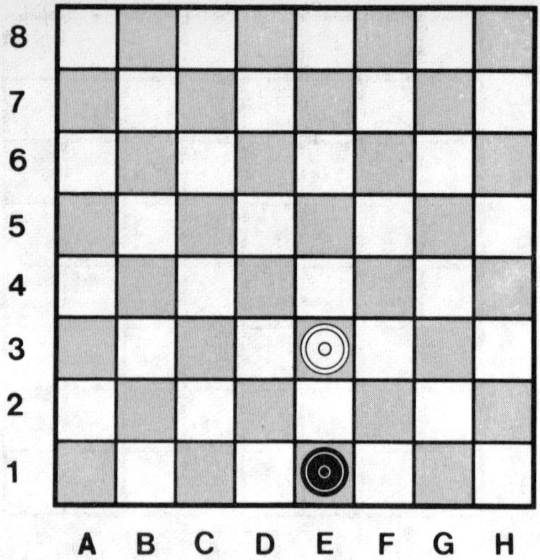

Fall A: Weiß hat den Vorteil des Nachzugs. Schwarz ist am Zug.
Resultat: Schwarz muß in die Falle ziehen und Weiß kann ihn schlagen.

Fall B: Schwarz hat den Vorteil des Nachzugs. Weiß ist am Zug.
Resultat: Weiß muß in die Falle ziehen und Schwarz kann ihn schlagen.

Der Abtausch

Um ein materielles Übergewicht zu erlangen, muß man mehr Steine schlagen als der Gegner.
Ein gutes Mittel dazu ist der »Angriff durch Abtausch«.
Das heißt, ein Spieler bedient sich des Schlagzwangs und stellt dem Gegner bewußt Steine zum Schlagen hin.
Die Kunst besteht darin, die Steine so hinzustellen, daß man selbst mehr Steine als der Gegner schlagen kann.

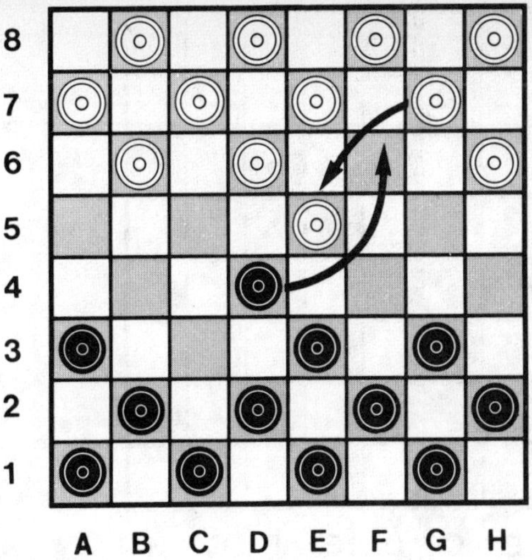

Abtausch

1 : 1

Schwarz schlägt e5

Weiß schlägt f6

Hierzu folgen ausführliche Beispiele.

Vorteil für Schwarz
Schwarz hat immer den ersten Zug. Demzufolge ist es für Schwarz natürlich leichter, die Mitte des Spielfelds zu erreichen als für Weiß.
Daraus ergibt sich wiederum, daß Schwarz, der das Spiel eröffnet, einen leichten Vorteil im Spiel hat.
Dies wird dadurch ausgeglichen, daß die Spielfarbe nach jedem Spiel wechselt.

Eröffnungen

Für den ersten Zug stehen Schwarz vier Felder und sieben Zugmöglichkeiten zur Wahl.

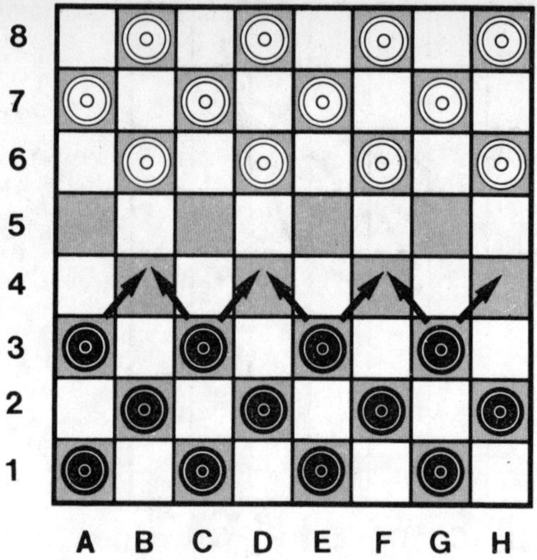

Grundsätzlich sind Eröffnungszüge zum Rand des Spielfelds nicht zu bejahen. Unsichere Spieler bevorzugen zwar solche Züge – sie glauben ihren Stein dort besonders gut und sicher aufgehoben.
Aber, wie bereits erklärt, es gibt bessere Züge und Felder, auf denen der eigene Stein mehr bewirken kann.

1. Versuchen Sie, starke Felder zu besetzen: Felder im Zentrum des Spielplans.
2. Haben Sie keine Angst vor einem Abtausch. Solange jeder Spieler dabei einen Stein verliert, ist das in den meisten Fällen zu akzeptieren.
3. Vermeiden Sie aber unbedingt, gleich zu Beginn eines Spiels einen Abtausch von 1:2 hinnehmen zu müssen. Das heißt, Sie verlieren zwei Steine, Ihr Gegner aber nur einen.
4. Es ist nicht empfehlenswert, zu Beginn des Spiels gleich mit vielen Steinen nach vorne zu ziehen. Wenn man durch for-

cierten Abtausch Steine verliert, überläßt man dem Gegner die Kontrolle des Zentrums.

Ein paar Beispiele sollen Ihnen zeigen, wie Sie es nicht machen sollten. Studieren Sie diese Beispiele genau, um die Fehlerquelle in Zukunft zu vermeiden.

Schlechte Eröffnungen

Beispiel 1
Alle Steine auf die Startpositionen!

	Schwarz	Weiß	
1.	g3 – f4	f6 – g5	Beide Züge in Ordnung.
2.	a3 – b4?	d6 – e5!	Bemerken Sie den Fehler von Schwarz? Zwei Steine ohne Deckung! Weiß hat die Falle geöffnet.
3.	f4 × d6	e7 ××a3	

Schwarz hat einen 1:2 Abtausch hinnehmen müssen. Daß dies ein gravierender Nachteil ist, erkennen Sie an folgender Tatsache:

Weiß gewinnt, auch wenn er seine restlichen Steine alle im Abtausch 1:1 verliert.

Deshalb: Sehen Sie sich das obige Beispiel genau an! Wo lag der Fehler von Schwarz?

Ergebnis: Schwarz hat völlig unnötig einen zweiten Stein ohne Deckung gelassen, statt seinen Eröffnungszug abzusichern.
Weiß erkannte, daß er zwei gegnerische Steine in Schlagposition bringen konnte – er mußte nur einen Stein opfern.

Beispiel 2
Alle Steine auf die Startpositionen!

	Schwarz	Weiß	
1.	c3 – d4	f6 – g5	Beide Züge in Ordnung.
2.	a3 – b4?	b6 – c5!	Schwarz macht den gleichen Fehler und Weiß reagiert sofort!
3.	d4 × b6	a7 ××a3	

Haben Sie den Fehler von Schwarz klar erkannt?

Schwarz beraubt einen Stein seiner Deckung. Weiß kontert mit dem besten Zug: er schlägt zwei Steine des Gegners und bringt seinen Stein in eine (vorläufig) sichere Randposition, die Schwarz in der Einzelecke stark behindert.

Der Alternativzug 2. von Weiß d6 – c5 hätte wesentlich schwächere Wirkungen.

Beispiel 3
Alle Steine auf die Startpositionen!

	Schwarz	Weiß	
1.	e3 – d4	f6 – e5	
2.	d4 × f6	g7 × e5	
3.	f2 – e3	h8 – g7	
4.	e3 – d4	g7 – f6	Schwarz blickt zur Einzelecke!
5.	d4 – c5	d6 × b4	Ein weißer Stein muß auf d4!
6.	a3 × c5	b6 × d4	Jetzt hat es geklappt!
7.	g3 – f4	e5 × g3	Weiß von e5 weglocken!
8.	c3 ××g7		

Weiß ist schon verloren. Schwarz erreicht eine Dame, und auch der weiße Stein auf g3 ist nicht zu retten. Dieses Übergewicht verhilft Schwarz zu einem leichten Sieg.

Worauf man achten muß

1. Kann der Stein übersprungen werden?
   Er kann, wenn das Feld davor und dahinter frei ist.
2. Kann ein weiterer Ihrer Steine durch Schlagzwang auf ein Feld gelockt werden, das einen Doppelschlag (Abtausch 1:2) ermöglicht?

Ein Beispiel:

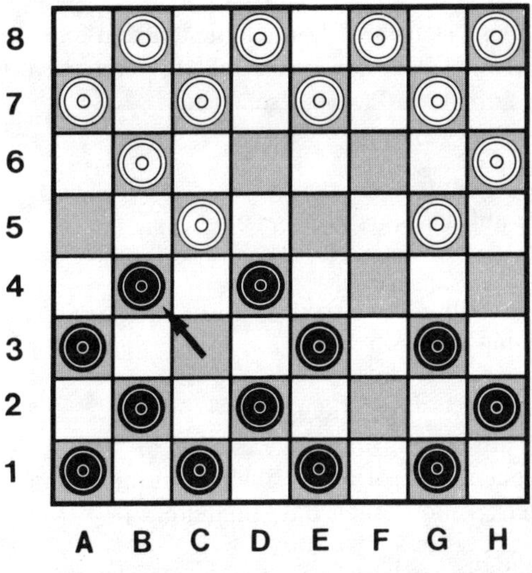

Schwarz ist am Zug und plant c3 – b4. Zur Prüfung der Situation haben wir den Zug bereits ausgeführt.

Gewissensfrage:
Würden Sie diesen Zug machen?
Bitte erst nachdenken und dann unsere Lösung lesen!

Lösung:
Nein! Die Position von Schwarz ist löchrig wie ein Käse und lädt förmlich ein zum Schlagen!

Schwarz könnte wohl Weiß auf c5 schlagen – aber sehen Sie sich an, was dann passiert: Weiß schlägt zurück! Weiß c7 springt nach e5 und weiter nach c3.

Aber damit nicht genug: Als Antwort auf c3 – b4 zieht Weiß g5 – h4. Und am Ende steht ein Abtausch von 4:2 zugunsten von Weiß. (Weiß muß zuerst Schwarz auf g3 schlagen).
Probieren Sie es aus!

Wie Sie es besser machen, können Sie aus den folgenden Eröffnungen erkennen. Um den Lerneffekt zu verstärken, haben wir jeweils die komplette Partie beschrieben.

Die alte Vierzehnte
Alle Steine auf die Startpositionen!

	Schwarz	Weiß
1.	c3 – d4	d6 – c5
2.	b2 – c3	f6 – g5
3.	a1 – b2	g5 – h4

Eine sehr beliebte Eröffnung. Schwarz bringt seinen Stein aus der Einzelecke und besetzt die Spielfeldmitte.

4.	d4 – e5	b6 – a5
5.	c3 – d4	a7 – b6
6.	b2 – c3	e7 – d6
7.	g3 – f4	d8 – e7
8.	f2 – g3	h4 × f2
9.	e1 × g3	e7 – f6
10.	g1 – f2	f6 – g5!
11.	e5 – f6	g7 × e5
12.	d4 – f6	d6 – e5
13.	f4 × d6	c7 × e5
14.	g3 – h4	g5 – f4
15.	e3 × g5	h6 × f4

16.	f2 – e3	f8 – g7
17.	e3 × g5	g7 – h6
18.	f6 – e7	h6 × f4
19.	e7 – f8 D	c5 – d4
20.	f8 – e7	d4 × b2
21.	e7 – f6	b8 – a7!
22.	f6 × d4	b6 – c5!
23.	d4 × b6	a7 × c5
24.	h4 – g5	b2 – a1 D
25.	g5 – f6	a1 – b2
26.	f6 – e7	c5 – d4

Nach dem Urteil erfahrener Damespieler ist die Stellung jetzt ausgeglichen und die Partie wird wahrscheinlich Unentschieden enden.

Die Glasgow-Eröffnung
Alle Steine auf die Startpositionen!

	Schwarz	Weiß
1.	c3 – d4	d6 – c5
2.	b2 – c3	f6 – g5
3.	c3 – b4	b6 – a5

Ziel dieser Eröffnung ist es, die Doppelecke von Weiß zu schwächen.

4.	d4 × b6	a5 × c3
5.	d2 × b4	c7 ××c3
6.	c1 – d2	a7 – b6

Weiß dagegen will die Schwächen der schwarzen Einzelecke nutzen.

7.	d2 × b4	b6 – a5
8.	b4 – c5	g7 – f6

9.	a1 – b2	h8 – g7	
10.	e3 – d4	g5 – h4	
11.	e1 – d2	h6 – g5	
12.	d2 – e3	a5 – b4	(besser als b8 – c7)
13.	c5 – d6	e7 × c5	
14.	d4 × b6	f6 – e5	
15.	a3 × c5	g5 – f4	
16.	e3 × g5	g7 – f6	
17.	g5 × e7	f8 ××b4	

Auch hier liegt eine recht ausgeglichene Stellung vor.

Die Einzelecke
Alle Steine auf die Startpositionen!

	Schwarz	Weiß
1.	c3 – d4	f6 – e5
2.	d4 × f6	g7 × e5

Weiß versucht, sich in der Mitte zu behaupten, muß aber erkennen, daß Schwarz dort stärker ist.

3.	b2 – c3	h8 – g7	Schwarz führt einen geringwertigen Stein in die Mitte.
4.	a1 – b2	g7 – f6	
5.	a3 – b4	b6 – c5!	Schwarz bringt wieder zuerst einen geringen Stein nach vorn. Oder: Variante 5a
6.	b4 – a5	a7 – b6	
7.	b2 – a3	b8 – a7?	
8.	e3 – d4	c5 × e3	
9.	d2 × f4	f8 – g7!	Schlecht für Weiß: Variante 9b
10.	c3 – b4	e5 – d4	
11.	f4 – e5	d6 × f4	
12.	g3 × e5	e7 – d6!	Schlecht für Weiß: 12c
13.	c1 – d2	d6 × f4	

14.	f2 – e3	d4 × f2
15.	g1 ×××e7	d8 × f6
16.	d2 – e3	h6 – g5
17.	e1 – f2	f6 – e5
18.	b4 – c5	b6 × d4
19.	e3 × c5	e5 – d4
20.	h2 – g3	d4 – c3
21.	f2 – e3	c3 – d2
22.	g3 – f4	g7 – h6

Und Weiß erreicht ein Unentschieden.

Und hier die dazugehörigen Varianten:

5a	a3 – b4	b6 – a5	
6a	b2 – a3	c7 – b6	
7a	e3 – f4		
9b	d2 × f4	b6 – c5	Weiß kann sich nicht mehr retten, weil nur Schwarz die Möglichkeit zu Abtauschdrohungen hat.
10b	c3 – b4		
12c	g3 × e5	d4 – c3?	
13c	e5 – d6	c7 × e5	
14c	a5 × c7	d8 × b6	
15c	e1 – d2	c3 × e1	
16c	b4 – a5	e1 × g3	
17c	h2 ×××f8	b6 – c5	
18c	a5 – b6	c5 – d4	
19c	b6 – c7	d4 – e3	
20c	c7 – d8		

Schwarz hat einen entscheidenden Vorteil errungen!

Zusammenfassung:
Die meisten Eröffnungen basieren auf einem der stärksten Eröffnungszüge von Schwarz überhaupt, dem Zug c3 – d4! Dieser

Zug bringt Schwarz sofort in den Besitz eines der wichtigen Felder in der Spielplanmitte.
Die folgenden, erprobten Eröffnungen unterscheiden sich erst im dritten Zug von Schwarz.

	Schwarz	Weiß
1.	c3 – d4	d6 – c5
2.	b2 – c3	f6 – g5
3.	c1 – b2	
3.	d4 – e5	
3.	c3 – b4	
3.	g3 – h4	
3.	a1 – b2	

Andere Eröffnungen

	Schwarz	Weiß
1.	c3 – d4	b6 – a5
2.	b2 – c3	a7 – b6
oder		
1.	c3 – d4	d6 – c5
2.	g3 – f4	c7 – d6
oder		
1.	c3 – d4	f6 – g5
2.	b2 – c3	g5 – h4
3.	d4 – e5	
oder		
1.	g3 – h4	h6 – g5
2.	h2 – g3	*oder*
2.	f2 – g3	
oder		
1.	g3 – f4	d6 – e5
2.	f4 × d6	
oder		
1.	g3 – f4	d6 – c5
2.	h2 – g3	

oder

1.	e3 – f4	d6 – e5
2.	f4 × d6	

oder

1.	g3 – f4	b6 – c5
2.	c3 – d4	

oder

1.	e3 – d4	b6 – c5
2.	d4 × b6	

oder

1.	e3 – d4	b6 – a5
2.	d4 – c5	

oder

1.	c3 – d4	h6 – g5
2.	g3 – h4	

oder

1.	c3 – d4	b6 – c5
2.	d4 × b6	

Studieren Sie alle diese Eröffnungen, um ein Gefühl dafür zu bekommen, welche Ihnen liegen könnte. Aber natürlich ist das auch eine gute Vorbereitung auf kommende Spiele.
Probieren Sie auch andere Eröffnungen aus, die hier nicht angeführt sind. Vielleicht finden Sie eine ausgefallene Variante, mit der Sie mal einen »lieben« Partner aufs Kreuz legen können.

Das Mittelspiel

Der immer wiederholte Grundgedanke des Mittelspiels läßt sich am besten mit der Rollenteilung in Angreifer und Verteidiger beschreiben.
Der Angreifer wird immer nach möglichst großer Beweglichkeit seiner Steine streben, der Verteidiger dagegen nach einer gesicherten Stellung.
Der Verteidiger wird sich »einigeln« und den Angriff abwarten.

Der Angreifer wird durch Blockieren und Abtauschdrohungen versuchen, die Stellung des Verteidigers zu schwächen oder zur Grundlinie durchzubrechen.
Der Angreifer wird versuchen, Steine aus der Verteidigung herauszubrechen und sie zu isolieren.
Solche isolierten Steine werden durch gleichstarke Gegner blokkiert und bei Gelegenheit abgetauscht.

Worauf man achten muß

Nach der Eröffnungsphase befinden sich noch viele, manchmal noch fast alle Steine auf dem Spielfeld.
Oft ist noch nicht klar, wer von den beiden Spielern seine Steine zu einem Angriff formieren kann, und wer in die Rolle des Verteidigers schlüpft.
Der Angreifer wird mehr auf Bewegungsspielraum für seine Steine achten müssen, der Verteidiger auf gesicherte Positionen.
Jeder Spieler, der mit seinen Steinen vorrückt, wird bestrebt sein, seinen Steinen Rückendeckung zu verschaffen.
Aber natürlich muß auch die Grundlinie verteidigt werden.

In der Praxis heißt das:

- Wenn angegriffen werden soll, dann mit möglichst vielen Steinen. Zur Verteidigung der Grundlinie genügen drei Steine:
  Schwarz auf c1, e1, d2
  Weiß auf d8, f8, e7
- Keine Angst vor frühzeitigen Verlusten. Auch ein gezielter Abtausch 1:1 kann große Vorteile bringen.
- Versuchen Sie, den Gegner zu dezimieren. Bauen Sie Fallen auf und versuchen Sie, einen Abtausch mit 2:1 oder noch besser zu erreichen.

Das folgende Musterspiel sollten Sie genau studieren. Es zeigt viele der oben erwähnten Details. Es zeigt Ihnen aber auch, daß Theorie eben doch Theorie ist – im Spiel kommt es meistens anders. Aber genau darauf müssen Sie vorbereitet sein.

	Schwarz	Weiß	
1.	c3 – d4	d6 – c5	
2.	g3 – f4	c7 – d6	Die Defiance-Eröffnung. (Herausforderung)
3.	b2 – c3	f6 – e5	
4.	d4 × f6	g7 ×× g3	
5.	h2 × f4	h8 – g7	
6.	f2 – g3	g7 – f6	
7.	g3 – h4	b6 – a5	Schlecht wäre: f6 – e5, weil nach f4 – g5 h6 × f4 e3 × g5 Schwarz droht durchzubrechen und eine Dame auf h8 zu erreichen.
8.	g1 – h2	f6 – e5	Alternativen für Schwarz: c3 – d4 oder a1 – b2. Der Zug von Weiß ist jetzt spielbar, weil Schwarz seine Grundlinie geöffnet hat.
9.	f4 – g5	h6 × f4	
10.	e3 × g5	e5 – f4	Sicherheitszug für e7 – f6
11.	g5 – f6	e7 × g5	
12.	h4 × f6	a7 – b6	Dieser und der nächste Zug von Weiß sind diktiert durch die prekäre Lage des Steins auf f4, den Schwarz mit zwei Zügen schlagen kann: e1 – f2, f2 – e3.
13.	e1 – f2	b8 – a7	Folgt nun: f2 – e3 f4 – g3 h2 × f4 d6 – e5 f4 × d6 c5 – b4 a3 × c5 b6 ×× f2 Weiß kann Dame erreichen und seinen Stein zurückholen.
14.	a3 – b4!	c5 × a3	Schwarz gewinnt mit diesem Zug den Stein auf f4 und kann bald zu einer Dame kommen.
15.	f2 – e3	d6 – e5	
16.	e3 × g5	b6 – c5	
17.	g5 – h6	c5 – d4	

18.	f6 – g7	d4 × b2	
19.	a1 × c3	a7 – b6	
20.	g7 – h8 D	b6 – c5	
21.	h8 – g7	d8 – e7	Möglich für Weiß: c5 – d4 aber nach g7 – f6 d4 × b2 f6 × d4 blockiert Schwarz mit zwei Steinen drei Gegner.
22.	d2 – e3	e7 – f6	Nicht c5 – b4, e3 – d4 = 1:2
23.	c3 – d4	e5 × c3	
24.	g7 × e5	c3 – d2	
25.	e5 – d4!	c5 – b4	Schwarz blockiert mit der Dame und dem Stein auf c1 drei weiße Steine!
26.	h2 – g3	d2 – e1 D	
27.	e3 – f4!!	e1 – d2	Der Gewinnzug für Schwarz, das leicht zu 2 weiteren Damen kommen kann.
28.	c1 × e3	b4 – c3	
29.	d4 × b2	a3 × c1 D	
30.	f4 – e5	c1 – d2	
31.	e3 – f4	d2 – c3	Nicht d2 – e3, weil g3 – h4.
32.	e5 – d6	c3 – d4	
33.	d6 – c7	d4 – c5	
34.	c7 – d8 D	c5 – b6	
35.	f4 – e5	a5 – b4	
36.	e5 – d6	b6 – a7	
37.	d8 – c7	a7 – b8	
38.	c7 – b6	b4 – c3	
39.	b6 – c5	c3 – d2	
40.	c5 – d4	d2 – e1 D	
41.	g3 – h2		

Weiß ist am Zug. Schwarz hat den Vorteil des Nachzugs – weil er einen freien Stein auf g3 hatte. Schwarz wird die Partie gewinnen. Spielen Sie bis zu Ende. Schwarz erreicht eine zweite

Dame, von der eine geopfert wird, um die weiße Dame auf e1 in die Falle zu locken. Der Rest ist einfach.

Gute Abtauschpositionen in 7 Beispielen

Jeder Damespieler ist natürlich bestrebt, bei einem Abtausch mehr als nur mit 1:1 abzuschneiden. Die Aufgabe besteht also darin, dem Gegner die Steine so hinzustellen, daß er schlagen muß und daß er sich dabei unaufhaltsam in eine ungünstige Position manövriert.
Das ist zwar nicht ganz einfach, aber möglich. Viel besser wird dieses »Fallenstellen« funktionieren, wenn Sie sich an die folgenden Grundsätze halten:

Voraussetzungen zum Abtausch

1. Die als Opfer ausgewählten Steine des Gegners müssen in gerader Linie nebeneinander stehen.
2. Zwei der angreifenden, eigenen Steine müssen auf diagonal benachbarten Feldern stehen.
3. Ein eigener Stein muß als Deckungsstein dienen!
4. Der Deckungsstein muß in gesicherter Position stehen!
   Entweder: am Rand des Spielfelds.
   Oder: ein weiterer, eigener Stein dient als Deckung.

Die folgenden Beispiele sollen Ihnen helfen, solche Positionen frühzeitig zu erkennen beziehungsweise zu »ahnen« und dann herbeizuführen.

Beispiel 1

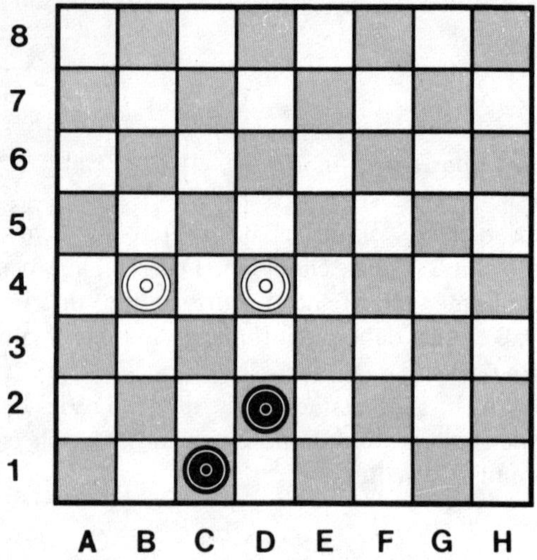

Sehen Sie sich die Position der Steine genau an.

- Die weißen Steine stehen in gerader Linie (auf 4).
- Die schwarzen Steine stehen diagonal nebeneinander.
- Deckung gibt der Spielfeldrand.

Schwarz zieht d2 – c3, und egal, was Weiß macht – die beiden weißen Steine sind verloren.

Beispiel 2

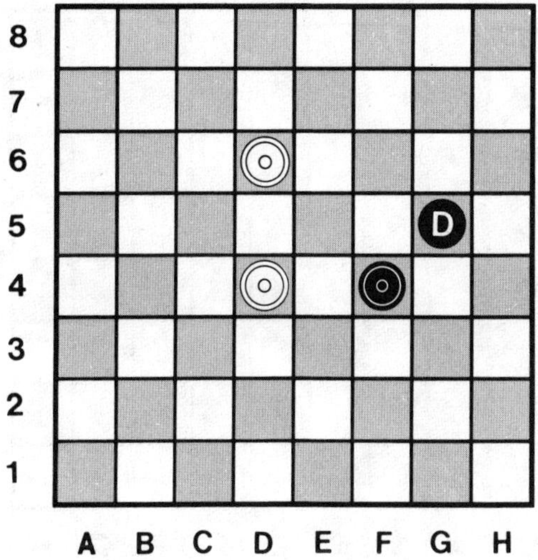

Ein weiteres, einfaches Muster. Schwarz zieht f4 – e5 und erreicht einen Abtausch 2:1.

Dieser Zug nutzt den Vorteil, daß die Dame auch rückwärts schlagen kann. Bedingt durch die Position der weißen Steine, kann Schwarz auf eine Deckung verzichten.

Beispiel 3

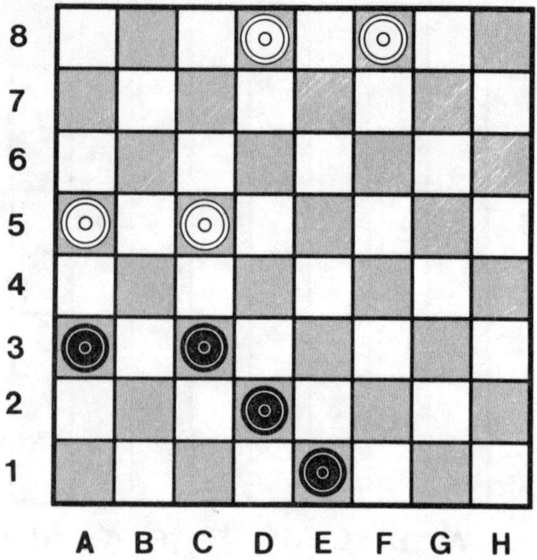

In diesem Beispiel wird die Funktion von Deckungssteinen klar ersichtlich.
Der Schlag 2:1 wäre nicht möglich ohne die Deckung auf e1.

Schwarz benötigt aber einen weiteren Deckungsstein auf a3, um den unerwünschten Gegenzug c5 – a3 zu unterbinden.
Schwarz gelingt so ein Abtausch 2:1 durch den Zug c3 – b4.

Beispiel 4

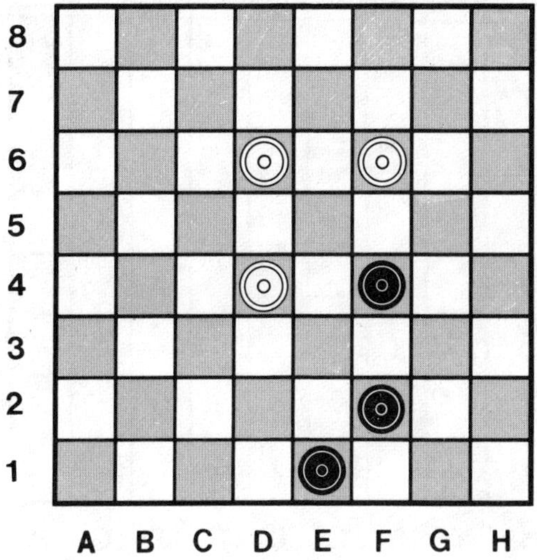

Auch hier ist alles klar zu erkennen. Schwarz erreicht einen Abtausch 3:2.
Wichtig ist allerdings die Reihenfolge, in der Schwarz zieht. Der erste Zug muß unbedingt f4 – e5 sein.

Probieren Sie bitte alle Möglichkeiten.

Beispiel 5

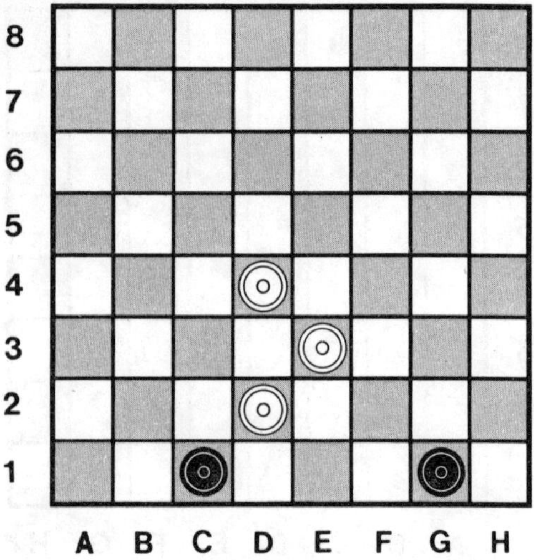

Etwas aus der Reihe fällt diese Partie. Schwarz ist materiell unterlegen und muß mit dem Verlust der Partie rechnen.
Aber Schwarz gibt die Blockade der Grundreihe auf und erreicht durch den Abtausch 2:1 ein Gleichgewicht der Kräfte.

Der Zug: g1 – f2

Schwarz kommt ebenfalls zu einer Dame, rettet sich in die Doppelecke und erreicht ein Unentschieden.

Beispiel 6

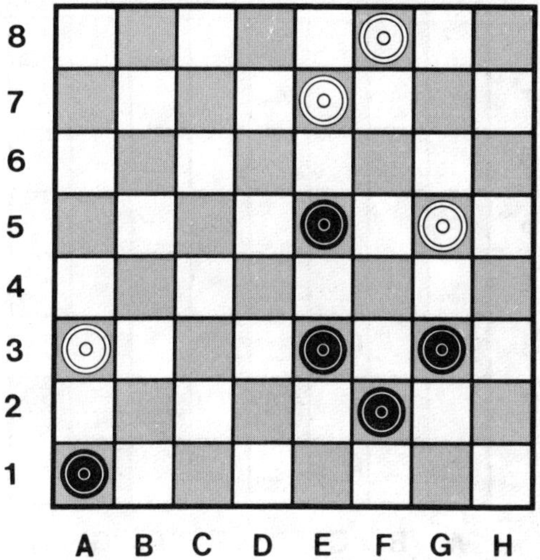

Weiß ist am Zug. Achten Sie jetzt genau darauf, ob die Voraussetzungen erfüllt sind:

- 2 weiße Steine diagonal? Ja!
- Deckung? Ja, der Rand!
- Gegnerische Steine in gerader Linie? Ja! Sie bilden sogar ein Dreieck!

Das wird ein schwerer Schlag.

Welchen Stein muß Weiß ziehen, um die Falle zu schließen? g5 – f4. Alles andere entwickelt sich dann von allein.

Sie finden doch die richtigen Züge zum Abtausch 3:1 für Weiß? Oder zum 3:2, wenn Sie den ersten Opferzug mitzählen wollen.

Beispiel 7

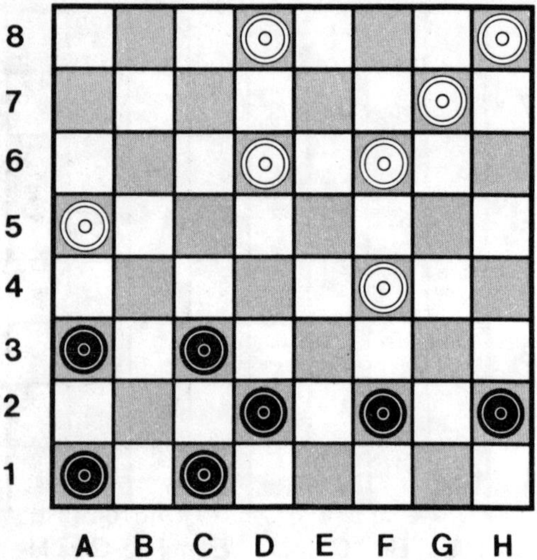

Bei diesem Beispiel sind die Voraussetzungen für einen Abtausch nur teilweise gegeben. Bei Weiß steht lediglich die Deckungsreihe. Von vorne: Opferstein, Schlagstein, Deckungsstein.

Schwarz ist dran und macht den schlechten Zug: c3 – d4?

Weiß sieht sofort die Chance, die gerade Linie von Schwarz herzustellen – durch das Opfer f4 – e3.

Weiß muß d2 × f4 schlagen und dann folgt der Abtausch 3:1, der mit einer weißen Dame auf e1 endet.

Lassen wir es mit den Übungen vorerst einmal genug sein. Bei Bedarf können Sie im Aufgabenteil weitere Erfahrungen sammeln.

Wichtig für Sie ist, daß Sie die Grundsätze des Abtauschs wirklich verinnerlichen. Denn, bedenken Sie bitte, nicht immer ist das Spielfeld so leer und nicht immer stehen die Steine schlagbereit für Sie da, wie in unseren Beispielen.
Sie müssen Ihr Auge schulen, um solche Abtauschpositionen selbst herbeizuführen, sobald Sie auch nur den Hauch einer Chance sehen.
Wenn Ihr Gegner merkt, was los ist, muß es für ihn bereits zu spät sein.

Der Rückprall

Neben der soeben beschriebenen 2:1 (bzw. 3:1) Abtauschformation gibt es natürlich noch weitere.
Wie ein Ball, der zwischen Schläger und Wand hin- und herspringt, geht es den Steinen bei der Abtauschformation, die Rückprall genannt wird.
Der größte Teil des Manövers findet auf einer der beiden langen Diagonalen des Spielfelds statt. Und das ist gleichzeitig auch das Problem dieser Stellung: Wenn sie der Gegner kennt, wird sie nur sehr schwer aufzubauen sein.

Die Grundvoraussetzungen:

- Eine lange diagonale Felderreihe.
- Darauf vier Steine in ununterbrochener Reihe: der zweite und der vierte müssen gegnerische Steine sein.
- Daran anschließen muß ein freies Feld und wieder ein gegnerischer Stein.

Sehen Sie sich die Abbildung an.
Die vorgeschriebene Formation ist fast erreicht – und sieht so ganz harmlos aus.

Weiß ist am Zug: c5 – d4

Der restliche Spielablauf ergibt sich von ganz allein. Weiß räumt alle drei schwarzen Steine ab.

Die Praxis:

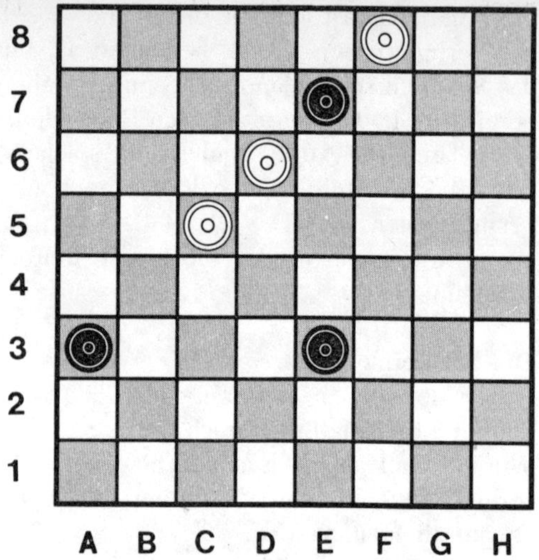

Nun, das war ganz einfach – nur zum Kennenlernen der Methode. Im Spiel selbst geht das nicht so einfach und deshalb folgen jetzt wieder ein paar Beispiele.

Beispiel 1

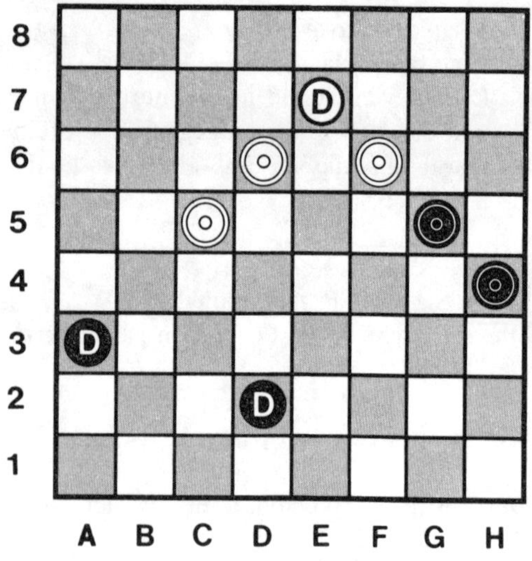

Studieren Sie die Positionen in der Abbildung. Schwarz ist am Zug und Schwarz wird auch das Opfer sein.
Haben Sie das erkannt?

Nehmen wir an, Schwarz spielt d2 – e3.

Weiß erreicht die Ausgangsposition durch Dame e7 – f8.

Schwarz schlägt g5 × e7.

Weiß leitet die Schlagfolge ein mit c5 – d4.
Der Rest läuft sozusagen automatisch ab.

Beispiel 2

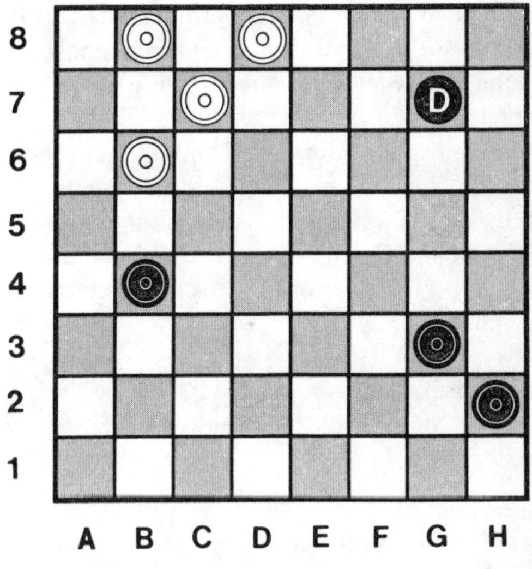

Sie sehen schon, hier sind noch einige Vorbereitungen zu erledigen. Aber Sie werden zugeben, die Position der Steine hat sehr wenig Ähnlichkeit mit der beschriebenen Grundstellung.
Weiß ist am Zug. Was muß er tun?

Weiß spielt c7 – d6.

Schwarz muß b4 – a5 spielen, denn sonst wäre dieser Stein mit dem nächsten Zug von Weiß (b6 –a5) verloren.

Weiß opfert (!) den Stein auf b6, er zieht d8 – e7.

Schwarz muß schlagen mit a5 × c7, und der nächste Zug von Weiß bringt Schwarz in die vernichtende Reihe: e7 – f6.
Der Rest geht wieder automatisch und Weiß gewinnt, da er den Vorteil des Nachzugs hat.

Das Endspiel

Nur noch wenige Steine befinden sich auf dem Brett, das Spiel tritt in seine letzte, entscheidende Phase – falls die Entscheidung über Sieg oder Niederlage nicht schon vorher, im Mittelspiel gefallen ist.
Das Endspiel ist für viele Damespieler oft ein endloses Hin- und Hergeschiebe. Die wenigen Steine jagen sich auf dem Brett herum. Keiner kann dem anderen die entscheidende Falle stellen. Wir wollen Ihnen zeigen, wie Sie auch mit wenigen Steinen das Damebrett souverän beherrschen können. Mittel und Wege gibt es genug.

Grundsätzliches

Setzen Sie einen schwarzen Stein auf e1 und einen weißen auf d8.

Und nun probieren Sie:

a) Schwarz zieht an und gewinnt immer.
   Egal wie Weiß zieht, Schwarz kann ihn abfangen und Weiß muß in die Falle ziehen.
   Schwarz hat den Vorteil des Nachzugs. Das heißt, Weiß kommt irgendwann in Zugzwang – er muß auf ein Feld ziehen, wo ihn Schwarz schlagen kann.
b) Weiß zieht an und gewinnt immer.
   Die Tatsache bleibt, nur ist jetzt Weiß im Vorteil.

Der Grund:
Zählen Sie die Felderreihen, die zwischen den beiden Steinen liegen. Es sind sechs Reihen!
Schlußfolgerung:
Liegen sechs Felderreihen zwischen den beiden Steinen, so gewinnt immer der Spieler, der zuerst zieht!
Wer zuerst zieht, hat automatisch den Vorteil des Nachzugs, den Zugvorteil!
Oder:
Nach fünf Zügen steht die Falle für den Anziehenden (den, der zuerst zieht)!

Setzen Sie nun einen schwarzen Stein auf d2 und einen weißen auf d8.
Probieren Sie jetzt:

a) Schwarz zieht an, aber er kann Weiß nicht erwischen. Im Gegenteil, Weiß kann ihn schlagen.
b) Weiß zieht an und Weiß verliert.

Der Grund:
Zählen Sie die Felderreihen, die zwischen den beiden Steinen liegen. Es sind fünf Reihen!
Schlußfolgerung:
Liegen fünf Felderreihen zwischen den beiden Steinen, so gewinnt immer der Spieler, der den zweiten Zug macht.
Wer zuerst zieht, gerät automatisch in Zugzwang und verliert!
Oder:
Nach vier Zügen steht die Falle für den Nachziehenden (den, der als Zweiter zieht)!

Sie können das noch mit vier und mit drei dazwischenliegenden Felderreihen testen und kommen dann zu dem Ergebnis, daß Sie das Wort sechs durch »gerade Anzahl« und das Wort fünf durch »ungerade Anzahl« ersetzen können.
Für die Anzahl der Züge gilt das entsprechende – probieren Sie es aus.
Merken Sie sich diese einfache Tatsache. Nutzen können Sie sie

recht häufig. Ausweichzüge können Sie natürlich nur einlegen, wenn Sie einen weiteren Stein besitzen.

Und noch ein weiterer Punkt ist wichtig. Setzen Sie einen schwarzen Stein auf g1 und einen weißen auf d8. Schwarz kann maximal auf der Diagonalen g1 – a7 entlangziehen. Weiß kann problemlos entkommen, wenn er diesen Wirkungsbereich des schwarzen Steins verläßt. Probieren Sie es aus, wenn Sie es nicht glauben.

Der »Zugvorteil« im Spiel

Hier ein schönes Beispiel, wie sich der »Zugvorteil« im Spiel auswirken kann, bzw. wie man sich den Zugvorteil verschafft und zum Sieg nutzt.
Bauen Sie folgende Spielsituation auf:
Schwarze Steine auf d2 und c5.
Weiße Steine auf e7 und f8.
Weiß ist am Zug!

Weiß überlegt:
- Bei drei Felderreihen dazwischen gewinnt immer der nachziehende Spieler!
- Bringe ich meinen letzten Stein auf die Felderreihe »6«, während der letzte Stein von Schwarz auf d2 verbleibt, dann kann ich gewinnen!

Weiß setzt seinen Plan in die Tat um:

	Schwarz	Weiß	
1.		e7 – d6	Weiß bereitet den Abtausch 1:1 vor.
2.	c5 × e7	f8 × d6	Weiß steht auf dem ersehnten Feld.
3.			

Egal, wie Schwarz zieht, das Spiel ist für ihn verloren.

Der »Zugvorteil« kann eine mächtige Waffe sein, vor der sogar eine Dame Respekt aufbringen muß.

Bauen Sie folgende Spielsituation auf:
Schwarz: Dame auf d6
Weiß: Stein auf d8

Wäre Weiß am Zug, hätte er sofort verloren, aber nehmen wir an, daß Schwarz am Zug ist.
Der schwarzen Dame bleibt nichts anderes übrig, als vor dem weißen Stein zu flüchten.

Sehen Sie sich an, wie Weiß den Zugvorteil konsequent für sich nutzt:

	Schwarz	Weiß	
1.	d6 – e5	d8 – e7	Schwarz zieht zur Doppelecke.
2.	e5 – f4	e7 – f6	Weiß hält den Kontakt.
3.	f4 – g3	f6 – e5	
4.	g3 – h2	e5 – f4	
5.	h2 – g1	f4 – e3	Weiß steuert die Grundlinie an, ohne die Drohung aufzugeben.
6.	g1 – h2	e3 – f2	
7.	h2 – g1	f2 – e1 D	Weiß wird zur Dame.
8.	g1 – h2	e1 – f2	
9.	h2 – g1	f2 – g3	

Bleibt Schwarz in der Doppelecke, so kann er nicht geschlagen werden – das Spiel endet unentschieden.

Sehen wir uns jetzt noch ein paar schöne Beispiele zum Thema »Zugvorteil« an.
Bauen Sie folgende Spielsituation auf:
Schwarz: Stein auf b2, a5
Weiß: Stein auf b8, c7

Weiß ist am Zug und sieht sich in einer schwierigen Lage:

	Schwarz	Weiß	
1.		b8 – a7	Um Schwarz auf a5 zu blockieren.
2.	b2 – c3	c7 – d6	Schwarz strebt zur Grundlinie und Weiß möchte ihn aufhalten.
3.	c3 – d4		Weiß ist selbst blockiert.

Ein klassischer Fall von Zugvorteil für Schwarz.

Allerdings gibt es Möglichkeiten (manchmal, nicht immer), diese Situation umzukehren:

	Schwarz	Weiß	
1.		c7 – b6 !	Weiß plant einen Abtausch.
2.	a5 × c7	b8 × d6	

Zwischen beiden Steinen liegen drei Felderreihen, das heißt, der Nachziehende gewinnt! Und Schwarz ist am Zug – und verliert.

Ein weiteres Beispiel mag Ihnen verdeutlichen, wieviel Übersicht und Planung notwendig sind, um solche Situationen herbeizuführen.

Bauen Sie folgende Spielsituation auf:
Schwarz: Stein auf g1, Dame auf e7
Weiß: Stein auf d2, Dame auf d4

Weiß ist am Zug.
Weiß kann von Schwarz blockiert werden, Weiß muß also einen Abtausch in günstiger Position anstreben. Weiß kann die schwarze Dame leicht am oberen Rand festnageln. Der schwarze Stein muß in diese Richtung ziehen, um selbst zur Dame zu werden. Weiß verlegt den Abtausch dorthin. Der Weg dorthin:

	Schwarz	Weiß	
1.		d4 – e5	Schwarze Dame blockiert.
2.	g1 – h2	d2 – e1 D	
3.	h2 – g3	e1 – d2 !	Weiß läßt Schwarz ungehindert ziehen.
4.	g3 – h4	d2 – c3 !	Weiß steuert die andere Ecke an.
5.	e7 – d8	e5 – d6 !	Das ist der Grund: Schwarz muß Platz machen, denn nach h4 – g5 droht Weiß e5 – f6!
6.	h4 – g5	c3 – b4	Sehen Sie den Abtausch kommen?
7.	g5 – f6	b4 – a5	
8.	f6 – g7	d6 – c7 !	Der Abtausch folgt.
9.	d8 × b6	a5 × c7	
10.	g7 – f8 D	c7 – d6	
11.	f8 – g7	d6 – e5	

Schwarz kann nun nach h6 oder f8 ausweichen, Weiß zieht auf f6 und das ist das Ende von Schwarz.

Zugzwang

Zur Verdeutlichung der Problematik Zugzwang/Zugvorteil hier noch einige Beispiele zum Üben.
Bauen Sie folgende Spielsituation auf:
Weiß: Stein auf g3, h4, Dame auf f4
Schwarz: Stein auf f6, Dame auf h2

Schwarz ist am Zug und, was immer er unternimmt, es wird schlecht für ihn ausgehen. Probieren Sie die Möglichkeiten durch:

a) Schlechtester Zug:

	Schwarz	Weiß
1.	f4 – g5	h2 ×× h6

Mit dem nächsten Zug verliert Schwarz seinen letzten Stein. Nicht besser sind die Züge Schwarz f4 – e5 und f4 – e3.

b) Nicht ganz so schlechter Zug:

1.	h4 – g5	f6 ×× f2

Schwarz rettet seine Dame, kann aber nicht verhindern, daß Weiß zu einer zweiten Dame kommt. Schwarz kann dann das Spiel noch etwas hinausziehen, indem er sich in die Doppelecke rettet. Aber zwei weiße Damen können ihn von dort vertreiben und schlagen.

Bauen Sie jetzt die nächste Spielsituation auf, aus der die Entstehung einer derartigen Position erkenntlich wird.
Schwarz: Stein auf g5, h6, Dame auf b6
Weiß: Stein auf f8, e7, Dame auf d6

Weiß ist am Zug.

	Schwarz	Weiß	
1.		d6 – e5	
2.	b6 – c7	e5 – f4 !	
3.	c7 – d8	f4 – g3	
4.	d8 × f6	g3 – h4	Zugzwang

Weiß greift mit seinem ersten Zug an und droht mit e5 – f6. Schwarz kontert mit dem Angriff auf den weißen Stein e7. Würde Weiß tatsächlich e5 – f6 ziehen und dann f6 × h4 schlagen, so könnte Weiß das Spiel nicht mehr gewinnen. Probieren Sie es aus.

Ausnutzen der Übermacht

Einleitend haben wir erwähnt, daß im Damespiel die Übermacht, und sei es nur ein einfacher Stein, oft zugunsten des Stärkeren entscheidet. Die Übermacht einer Dame fällt noch stärker ins Gewicht.
Allerdings ist es oft schwierig, diese Übermacht richtig zur Geltung zu bringen. Einige Beispiele werden Ihnen sicher weiterhelfen.

In vielen Spielen ist die Doppelecke der letzte Rettungsanker für den unterlegenen Spieler. Oft läßt sich dort gegen einen ungeschickt angreifenden Spieler noch ein Unentschieden erreichen.
Wie Sie mit einer Dame in der Doppelecke fertig werden, zeigt das folgende Beispiel. Allerdings, Sie müssen selbst zwei Damen besitzen.
Dame gegen Dame in der Doppelecke ist immer ein Unentschieden.

Dame in der Doppelecke
Bauen Sie folgende Spielsituation auf:
Schwarz: Dame auf c7, d6
Weiß: Dame auf b8

Schwarz ist am Zug.

	Schwarz	Weiß
1.	c7 – b6	b8 – a7
2.	d6 – c5 !	a7 – b8
3.	b6 – a7	b8 – c7
4.	a7 – b8	c7 – d8
5.	c5 – d4	d8 – e7
6.	d4 – e5	e7 – d8
7.	e5 – f6	

Weiß ist in Zugzwang und verliert.

Ein Endspiel mit mehreren Damen auf jeder Seite ist recht häufig. Auch das folgende Beispiel zeigt, wie ein Spieler seine Übermacht ausnutzt und einen Abtausch erzwingt. Das Resultat, zwei Damen gegen eine, läßt sich erfolgreich mit dem soeben absolvierten Abschnitt zu Ende führen.

Bauen Sie folgende Spielsituation auf:
Weiß: Damen auf c5, d4, e3
Schwarz: Damen auf c7, g3

Schwarz ist am Zug. Weiß hält beide Doppelecken, wird sich aber dennoch nicht behaupten können.

	Schwarz	Weiß
1.	d4 – e5	g3 – h2
2.	e3 – f2	c7 – b8
3.	c5 – b6	h2 – g1
4.	f2 – g3	b8 – a7
5.	b6 – c7	a7 – b8
6.	c7 – d6 !	g1 – h2
7.	g3 – f4	

Schwarz hat es geschafft, alle Steine auf die Diagonale zu ziehen. Egal, welchen Stein nun Weiß auch aus der Linie rückt, Schwarz zwingt ihn zum Abtausch 1:1.
Studieren Sie diese Kombination genau, Sie kann Ihnen sicher zu manchem Erfolg verhelfen.

Die Stärken der Dame
Im Vergleich mit der Deutschen Dame mag Ihnen zunächst die Dame international als relativ schwach erschienen sein. Täuschen Sie sich aber nicht: Die erhöhte Beweglichkeit der Dame – ziehen und schlagen in vier Richtungen – kann außerordentlich wirkungsvoll eingesetzt werden.
Die folgenden Beispiele mögen das veranschaulichen.

Bauen Sie folgende Spielsituation auf:
Schwarz: Stein auf e5, e3
Weiß: Stein auf g5, Dame auf h4

Weiß ist am Zug. Die Falle müßten Sie sofort erkennen; diese funktioniert aber nur, weil auf h4 eine Dame sitzt.
Weiß zieht natürlich g5 – f4 und das ist dann auch gleich das Ende von Schwarz.

Auch die nächste Aufstellung müßten Sie sofort enttarnen. Bauen Sie folgende Situation auf:

Schwarz: Stein auf c1, c5, c7, e7
Weiß: Stein auf c3, f4, Dame auf h4

Weiß ist am Zug. Und wenn Sie die Möglichkeit der Dame berücksichtigen, dann kann der Zug nur heißen:
Weiß c3 – d2
Weiß opfert zwar zwei Steine, aber die Dame räumt das Brett ab.

Etwas schwieriger zu durchschauen ist das nächste Beispiel.
Bauen Sie folgende Spielsituation auf:
Schwarz: Stein auf e1, d2, Dame auf d8
Weiß: Stein auf c3, b8, Dame auf b4

Weiß ist am Zug. Sie sind jetzt Weiß und Sie wollen gewinnen. Was würden Sie jetzt tun?

Überlegung 1: Ein möglichst günstiger Abtausch muß her, bei dem Ihre Dame übrig bleiben sollte.
Wie machen Sie das?

Überlegung 2: Ganz geschickt steht der Stein auf b8, mit dem ließe sich die Dame herauslocken auf b6.

Überlegung 3: Die schwarze Dame stände dort so herrlich ungedeckt. Ein Abtausch 2:1 ginge mit einem weiteren schwarzen Stein auf d4 oder b4 !!!

Überlegung 4: b4 wäre möglich, wenn . . .

Und so sieht die Durchführung des Plans aus:

	Schwarz	Weiß	
1.		b8 – c7	Ein Opfer.
2.	d8 × b6	b4 – a3 !	
3.	d2 × b4	a3 ××a7	

Nun ist Schwarz am Zug und Sie wissen doch, daß Schwarz verloren ist!? Natürlich: Fünf Felderreihen zwischen den beiden Steinen, der nachziehende Spieler gewinnt. Probieren Sie es aus, wenn Sie es nicht glauben!

Zur Wiederholung und Festigung Ihrer Kenntnisse folgen jetzt noch zwei wunderschöne Beispiele.

Bauen Sie folgende Spielsituation auf:
Schwarz: Stein auf c1, h2, b4, Dame auf d6 und e7
Weiß: Stein auf d2, f4, g5, h6, Dame auf e3

Schwarz ist am Zug und Weiß gewinnt, obwohl kräftemäßig unterlegen. Warum?
Sehen Sie sich an, wie Schwarz zieht und versuchen Sie, beim Nachspielen die Überlegungen von Weiß nachzuvollziehen. Es lohnt sich.

	Schwarz	Weiß	
1.	e7 – f6		Für Schwarz ist das ein Zug, der ganz normal ist.
1.		d2 – e1 !	Was hat sich Weiß gedacht?
2.	f6 × h4	h6 – g5	
3.	h4 × f6	f4 – g3	
4.	h2 × f4	e3 ××××a3	

Schwarz steht unter Zugzwang und ist verloren.

Und noch ein Beispiel, das sich lohnt, es mehrfach nachzuspielen.
Bauen Sie folgende Spielsituation auf:
Schwarz: Stein auf c1, e1, g1, a3, e5, h6, Dame auf c5
Weiß: Stein auf h2, g3, e3, f4, a5, c7, e7, g7, f8

Weiß ist am Zug.

	Schwarz	Weiß
1.		g3 – f2
2.	e1 × g3	c7 – d6
3.	e5 × c7	a5 – b4
4.	g3 × e5	e3 – f2
5.	g1 × e3	e7 – d6

6.	c5 × e7	f8 ××× d2
7.	c1 × e3	h2 – g1 D
8.	a3 × c5	g1 – f2
9.	h6 × f8 D	f2 ××× d8

Weiß mit dem Zugvorteil gewinnt.

Die »Meisterstücke«

Bei uns kaum mehr bekannt sind zwölf Endspielpositionen, die nicht umsonst »Die 12 Meisterstücke« genannt werden.

Wir stellen Ihnen die schönsten davon vor: Spielen Sie diese Partien sorgfältig und in aller Ruhe nach. Versuchen Sie selbst herauszufinden, welche Teilziele sich die Spieler jeweils gesteckt haben, und wie sie dann versuchen, diese Ziele zu erreichen.

Die 1. Stellung

Sie wird dadurch gekennzeichnet, daß der Angreifer den Zugvorteil hat und daß ein einzelner Stein der Doppelecke zustrebt, in der die eigene Dame steht.

Bauen Sie folgende Spielsituation auf:

Schwarz: Dame auf f4, g5

Weiß: Stein auf h6, Dame auf h2

	Schwarz	Weiß	
1.	g5 – h4	h2 – g1	
2.	h4 – g3	g1 – h2	
3.	g3 – f2	h2 – g1	
4.	f4 – e3		Schwarz hat zwei Möglichkeiten: 4a den Stein auf h6 zum Zug zwingen, oder 4 die Dame aus der Doppelecke treiben.
4a		h6 – g5	
5a	f2 – g3	g5 – h4	
6a	g3 – h2 !		Und Schwarz gewinnt.

4.		g1 – h2	
5.	f2 – g1	h2 – g3	h6 – g5 wäre wieder schlecht.
6.	e3 – d4		Es droht Zugzwang durch g3 – f4.
6.		g3 – h2	
7.	d4 – e5	h2 – g3	7b zeigt, was passiert, wenn Weiß h6 – g5 zieht:
7b		h6 – g5	
8b	e5 – f6	g5 – f4	
9b	g1 – f2	h2 – g1	
10b	f2 – e1	g1 – h2	
11b	f6 – g5		Die weißen Steine behindern sich gegenseitig.
8.	g1 – h2	g3 – f2	Die weiße Dame ist aus der Doppelecke endlich vertrieben. 8c zeigt die Folgen, wenn Weiß anders zieht.
8c		g3 – h4	
9c	e5 – f6	h6 – g5	
10c	h2 – g1	g5 – f4	
11c	g1 – h2	f4 – e3	
12c	f6 – e5	e3 – f2	
13c	h2 – g1		Und Schwarz gewinnt.
9.	e5 – d4	h6 – g5	
10.	h2 – g1	f2 – g3	
11.	d4 – e5	g5 – h4	
11d		g3 – h2	Eine Variante.
12d	e5 – f6	g5 – f4	
13d	g1 – f2	h2 – g1	
14d	f2 – e1	g1 – h2	
15d	f6 – g5		
12.	e5 – d4	g3 – f4	
13.	g1 – h2	f4 – g5	

14.	d4 – e3	g5 – f6	
15.	e3 – f4	f6 – g7	
16.	h2 – g1	g7 – f6	
17.	g1 – f2	f6 – g7	
18.	f2 – e3	g7 – f6	
19.	e3 – d4	f6 – g7	
20.	d4 – e5		Und Schwarz gewinnt.

Die 2. Stellung

Sie wird dadurch gekennzeichnet, daß Schwarz den Zugvorteil hat sowie durch die Blockade des weißen Steins auf a3.

Bauen Sie folgende Spielsituation auf:

Schwarz: Stein auf a1, c1, Dame auf f2

Weiß: Stein auf a3, h4, Dame auf b8

	Schwarz	Weiß	
1.	a1 – b2	b8 – c7	
2.	b2 – c3	c7 – b6	
3.	c3 – b4	b6 – c7	Falls Weiß anders zieht, 3a.
3a		b6 – a5	
4a	b4 – c5	a5 – b4	
5a	c5 – d6	b4 – c5	
6a	d6 – c7	c5 – d6	
7a	c7 – d8 D	d6 – e5	
8a	d8 – c7	e5 – f4	
9a	c7 – d6	f4 – g3	
10a	f2 – e3	g3 – h2	
11a	d6 – e5	h2 – g3	
12a	e5 – d4	g3 – h2	
13a	e3 – f4	h2 – g1	
14a	d4 – e3	g1 – h2	
15a	e3 – f2	h2 – g1	
16a	f4 – e3		Und Schwarz gewinnt leicht.
4.	b4 – c5	c7 – b8	
5.	c5 – b6	b8 – a7	

6.	b6 – c7	a7 – b8	
7.	c7 – d8 D	b8 – a7	
8.	d8 – c7	a7 – b8	
9.	c7 – b6	b8 – a7	
10.	b6 – c5	a7 – b8	
11.	c5 – d4	b8 – a7	
12.	d4 – c3	a7 – b6	
13.	c1 – d2	b6 – c5	
14.	d2 – e3	c5 – b6	
15.	e3 – d4	b6 – a7	
16.	d4 – c5	a7 – b8	
17.	c5 – b6	b8 – a7	
18.	c3 – b4 !	a7 × c5	Dieser Abtausch ist eine der Pointen.
19.	b4 × d6	a3 – b2	
20.	d6 – e5	b2 – c1 D	
21.	e5 – f4	c1 – d2	
22.	f2 – g1	d2 – c3	Schwarz macht Platz für den nächsten Abtausch.
23.	f4 – g3	h4 × f2	
24.	g1 × e3		Und Schwarz gewinnt.

Die 3. Stellung

Auch in der dritten Stellung ist Schwarz am Zug und wird versuchen, sein Übergewicht auszunutzen, nach Möglichkeit sogar eine dritte Dame zu gewinnen. Weiß muß eben das verhindern.

Bauen Sie folgende Spielsituation auf:
Schwarz: Stein auf h2, Damen auf h4, h6
Weiß: Damen auf f4, f6

Schwarz ist am Zug.

	Schwarz	Weiß	
1.	h4 – g3	f6 – e5	
2.	g3 – f2	e5 – f6	Zieht Weiß e5 – d4, so folgt Schwarz mit 3. h6 – g7.

3.	f2 – g1		Zieht Schwarz anders, 3a.
3a	f2 – e1	f4 – e3	
4a	h2 – g3	e3 – f2	
5a	g3 – h4	f2 – e3	
6a	h6 – g5	f6 – e5	Schwarz verliert eine Dame
3.		f6 – e5	oder Alternative 3b.
3b		f4 – e3	
4b	h2 – g3	e3 – d4	
5b	h6 – g5		
4.	h6 – g7	e5 – d4	
5.	g1 – f2	f4 – g5	
6.	f2 – e1	g5 – f4	
7.	g7 – f6	d4 – e3	
8.	f6 – e7	f4 – e5	
9.	h2 – g3	e3 – f2	
10.	g3 – h4	f2 – e3	
11.	e7 – d8	e3 – f4	
12.	d8 – c7	e5 – f6	
13.	c7 – d6		Falls Schwarz anders zieht:
13c	e1 – d2	f4 – e5	
14c	d2 – c3	f6 – g7	
15c	c3 – b4	e5 – f6	
16c	b4 – c5	g7 – f8	Weiß gelingt ein Unentschieden, weil der schwarze Stein auf h4 gezogen wurde.
13.	f6 –	g7	
14.	e1 – d2	g7 – f6	
15.	d2 – c3	f6 – g7	
16.	c3 – d4	g7 – f6	
17.	d6 – c7	f6 – e7	
18.	c7 – b6	e7 – f6	
19.	b6 – a5	f6 – e7	
20.	a5 – b4	e7 – f6	

21.	b4 – a3	f6 – e7	Nicht b4 – c3, da f4 – g5 zu Unentschieden führt.
22.	a3 – b2	e7 – f6	
23.	b2 – c1	f4 – g3	
24.	d4 – e3		

Und Schwarz ist der Sieg nicht mehr zu nehmen.

Die 4. Stellung

Bauen Sie folgende Spielsituation auf:
Schwarz: Stein auf h6, Damen auf f6, d6 und a7
Weiß: Stein auf f8, Damen auf d8, b8

a) Schwarz am Zug gewinnt.
b) Weiß am Zug erreicht ein Unentschieden.

a)	Schwarz	Weiß	
1.	a7 – b6	b8 – a7	
2.	b6 – a5	a7 – b8	
3.	f6 – e5	d8 – c7	
4.	d6 – c5	c7 – d8	
5.	c5 – b6	b8 – c7	
6.	b6 – a7	c7 – b8	
7.	e5 – d6	d8 – c7	
8.	d6 – e7	f8 × d6	
9.	a7 – b6		Schwarz ist der Sieg nicht mehr zu nehmen.

b)	Schwarz	Weiß	
1.		d8 – c7	
2.	d6 – c5	c7 – d8	
3.	c5 – b6	b8 – c7	
4.	b6 – a5	c7 – b8	
5.	f6 – e5	d8 – c7	
6.	a7 – b6	c7 – d8	
7.	e5 – d6	d8 – e7	Weiß erzwingt Zugwiederholung.

Eine Meisterpartie

An dieser Partie, die von englischen Meisterspielern absolviert wurde (Schwarz: Wyllie; Weiß: Birkenshaw), läßt sich die Aufgabe, die das Damespiel stellt, genau umreißen:

- Ideen entwickeln
- Schritte zu tun, um diese Ideen in die Tat umzusetzen.

Da das Damespiel durch die Einfachheit der Züge viel leichter und viel weiter vorauszuberechnen ist als beispielsweise das Schachspiel, benötigt man zum Damespiel ein gut ausgeprägtes, logisches Denkvermögen.

Alle Steine befinden sich auf den Startpositionen.

	Schwarz	Weiß	
1.	c3 – b4	f6 – e5	
2.	b2 – c3	b6 – a5	
3.	b4 – c5	d6 × b4	
4.	a3 × c5	g7 – f6	
5.	a1 – b2	h8 – g7	
6.	g3 – f4	e5 × g3	
7.	h2 × f4	f6 – g5	
8.	c3 – d4	c7 – d6	
9.	c5 – b6		Listig!
9.		a7 × c5	
10.	d4 × b6	b8 – a7	
11	f2 – g3		Das kompliziert die Lage.
11.		a7 × c5	
12.	g3 – h4	g7 – f6	
13.	b2 – c3	c5 – b4?	Der Verlustzug, besser wäre a:
13a		a5 – b4	
14a	c3 × a5	c5 – d4	
15a	e3 × c5	g5 × e3	
16a	d2 × f4	d6 × b4	
17a	e1 – d2	f6 – g5	

14.	c3 – d4	b4 – c3
15.	d2 × b4	a5 × c3
16.	g1 – h2	f6 – e5
17.	d4 × f6	d6 – c5
18.	h2 – g3	c5 – d4
19.	e3 × c5	g5 × e3
20.	g3 – f4	e7 × g5
21.	h4 × f6	f8 – e7
22.	f6 – g7	e7 – d6
23.	c5 × e7	d8 × f6
24.	g7 – f8 D	f6 – g5
25.	f4 – e5	g5 – h4
26.	f8 – e7	

Und Schwarz gewinnt die Partie.
Probieren Sie es aus. Wenn bei Ihnen Weiß gewinnt, dann machen Sie gravierende Fehler.

Aufgaben für einen Spieler

Wenn Sie Ihre grauen Zellen und Ihr Verständnis für das Spiel trainieren wollen, dann sind diese Aufgaben genau das richtige für Sie.
Nehmen Sie Ihr Spielfeld und bauen Sie die jeweils beschriebene Spielsituation auf.
Und dann sind Sie dran . . .
Wenn Sie nicht durchfinden, der Lösungsteil ab Seite 101 hilft Ihnen weiter. Aber bitte, erst selbst probieren!

Eröffnungen

Aufgabe 1

Aufbau: Alle Steine auf die Startpositionen.
Aufgabe: Schwarz beginnt – Weiß gewinnt.

Vorgabe:	Schwarz	Weiß
1.	e3 – d4	d6 – c5
2.	f2 – e3	f6 – g5
3.	c3 – b4	

Weiß kontert und kommt zu einem Schlagzug 4 : 2 im fünften Zug. Wie?

Aufgabe 2

Aufbau: Alle Steine auf die Startpositionen.
Aufgabe: Schwarz beginnt – Weiß gewinnt.

Vorgabe:	Schwarz	Weiß
1.	c3 – b4	d6 – e5
2.	b4 – a5	b6 – c5
3.	b2 – c3?	

Weiß kontert und im siebten Zug endet die Kombination 5:4.

Aufgabe 3
Aufbau: Alle Steine auf die Startpositionen.
Aufgabe: Schwarz beginnt – Weiß gewinnt.

Vorgabe:	Schwarz	Weiß
1.	e3 – f4	b6 – c5
2.	f2 – e3	c7 – b6
3.	g3 – h4	f6 – e5
4.	c3 – d4	e5 × c3
5.	b2 × d4	d6 – e5
6.	f4 × d6?	

Weiß kontert und im zehnten Zug stehen 6 weiße 5 schwarzen Steinen gegenüber.

Abtausch

Aufgabe 4
Aufbau: Schwarz auf: e3, g3, g5
Weiß auf: e5, e7, f8
Aufgabe: Weiß am Zug räumt in drei Zügen auf.

Aufgabe 5
Aufbau: Schwarz auf: c3, g3, c5
Weiß auf: e5, c7, d8
Aufgabe: Weiß am Zug räumt in drei Zügen auf.

Aufgabe 6
Aufbau: Schwarz auf: c1, e5, g5
Weiß auf: e3, e7, f8
Aufgabe: Weiß am Zug räumt in drei Zügen auf.

Rückprall

Aufgabe 7
Aufbau: Schwarz auf: h2, g3, c3, a5, h6
Weiß auf: e5, b6, c7, b8, f8
Aufgabe: Weiß am Zug gewinnt (Zugzwang).

Aufgabe 8
Aufbau: Schwarz auf: a1, b2, f2, h2, h4
Weiß auf: d4, g5, f6, g7, h8
Aufgabe: Weiß am Zug gewinnt (Zugzwang).
Aufgabe 9
Aufbau: Schwarz auf: a1, h2, g3, b6
Weiß auf: c3, d4, d6, b8
Aufgabe: Schwarz am Zug, Weiß gewinnt (Zugzwang).
Vorgabe: Schwarz zieht b6–c7 (Dame erreichen).

Zugzwang
Aufgabe 10
Aufbau: Schwarz auf: b4, a5, g7
Weiß auf: d6, c7, Dame e1
Aufgabe: Weiß am Zug gewinnt durch Zugzwang.
Aufgabe 11
Aufbau: Schwarz auf: b2, a5, Dame h4
Weiß auf: c7, f8, Dame f4
Aufgabe: Weiß am Zug gewinnt durch Zugzwang.
Aufgabe 12
Aufbau: Schwarz auf: g3, h4, Dame b6
Weiß auf: c3, e5, f6, b8
Aufgabe: Weiß am Zug gewinnt durch Zugzwang.

Doppelecke
Aufgabe 13
Aufbau: Schwarz auf: c5, Dame b8
Weiß auf: a7, Dame e5
Aufgabe: Weiß zieht und gewinnt in zwei Zügen.
Aufgabe 14
Aufbau: Schwarz auf: c1, a7, Dame b8
Weiß auf: c3, d4, Dame b4
Aufgabe: Weiß zieht und gewinnt in zwei Zügen.
Aufgabe 15
Aufbau: Schwarz auf: c3, a7, g7
Weiß auf: b8, d8, Dame e1
Aufgabe: Weiß zieht und gewinnt in 6 Zügen.

Polnische Dame

Die »Polnische Dame«, auch als »Französische Dame« bekannt, wird auf einem 100feldrigen Brett gespielt. Die Startaufstellung entnehmen Sie der folgenden Abbildung.

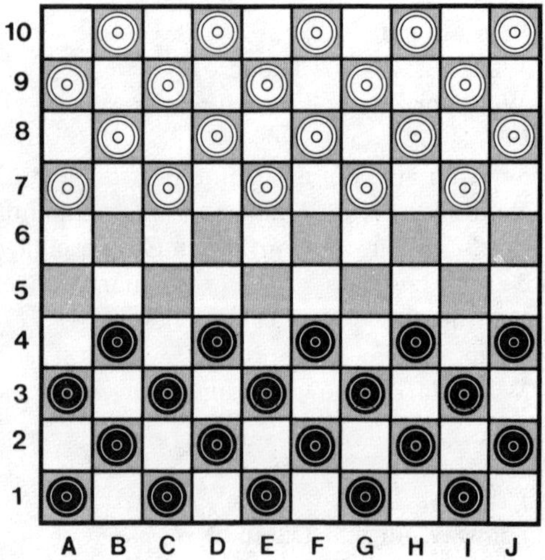

Regeln

Gespielt wird nach den Regeln von »Dame International«, mit einigen Abweichungen:

- Jeder Spieler erhält 20 Steine.
- Weiß macht den ersten Zug.

- Steine schlagen vorwärts und rückwärts, also in vier Richtungen.
- Damen ziehen und schlagen vorwärts und rückwärts.
- Erreicht ein Stein in einem Schlagzug die gegnerische Grundreihe, so wird er nur zur Dame umgewandelt, wenn der Zug dort endet. Hat der Stein eine weitere Schlagmöglichkeit, so muß diese jedoch ausgenutzt werden, die Umwandlung findet nicht statt.
- Eine Dame kann (in gerader Linie) über beliebig viele freie Felder ziehen. Sie kann auch aus beliebiger Entfernung schlagen und muß danach nicht direkt hinter dem geschlagenen Stein landen – freie Felder vorausgesetzt.
- Bieten sich allerdings einer Dame in einem Schlagzug mehrere Schlagmöglichkeiten, so muß sie auf den Feldern landen, von denen aus sie weiterschlagen kann.
- Hat ein Spieler mehrere Schlagmöglichkeiten, so muß er die wählen, mit der er die meisten Steine schlagen kann.
- Geschlagene Steine werden erst nach Beendigung des Schlagzuges vom Brett genommen. Ein geschlagener Stein darf in diesem Zug kein zweites Mal übersprungen werden.

Spielstrategien

Durch die veränderten Schlagmöglichkeiten von Steinen und Damen werden die taktischen Überlegungen sehr stark beeinflußt.
Die »Polnische Dame« erfordert deshalb erhöhte Aufmerksamkeit, vor allem von Anfängern.
Ein paar trickreiche Positionen werden Ihnen helfen, Regeln und Taktik der »Polnischen Dame« zu verstehen.
Die Notation der einzelnen Züge haben wir insofern geändert, daß wir jetzt alle Stationen eines Zuges angeben, nicht mehr nur die Endposition.
Sie können so die Beispiele nachspielen, ohne Fehler dabei zu machen, die sich aus den Regeländerungen ergeben.

Beispiel 1

Bauen Sie folgende Position auf:

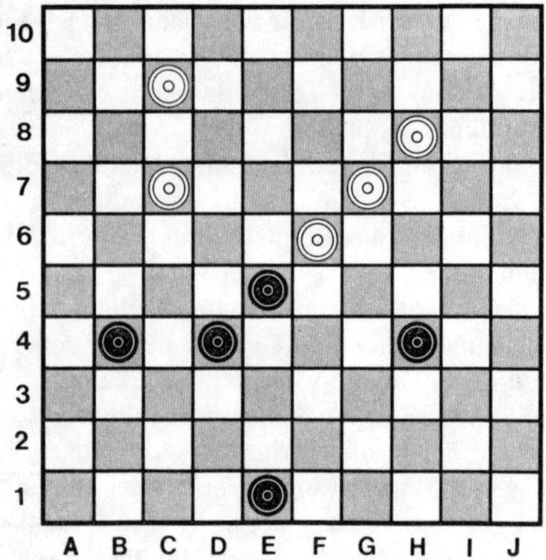

	Weiß	Schwarz
1.	f6 – g5	h4 × f6
2.	c7 – d6	e5 × c7
3.	g7 × e5 ×c3 × a5	

Weiß am Zug macht sich den Schlagzwang zunutze und zwingt Schwarz in eine ungünstige Abtauschposition. Und: Haben Sie auf den Rückwärtsschlag des weißen Steines geachtet?

In der letzten Spielphase stehen 3 gegen 2 Steine und Weiß ist der Sieg nicht mehr zu nehmen.

Beispiel 2
Bauen Sie folgende Position auf:

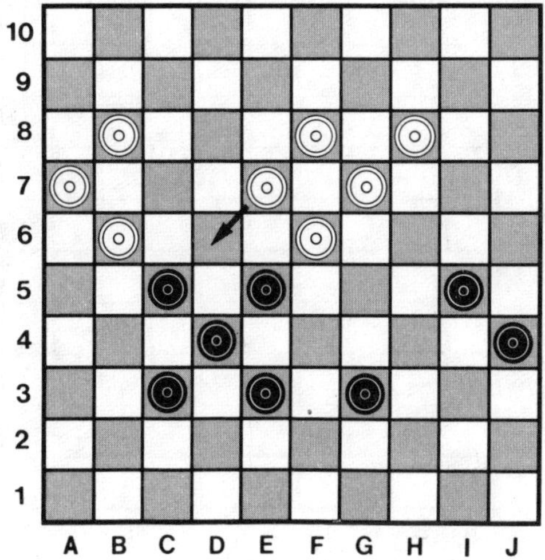

	Weiß	Schwarz
1.	e7 – d6	c5 × e7 × g9 × i7
2.	b6 – c5	d4 × b6
3.	f6 × d4 × f2 × h4 × j6 × h8	

Auch hier hat Weiß eine Idee und zielstrebig setzt er sie in die Tat um: Zwei Steine aus der scheinbar sicheren Stellung herauslocken und dann selbst abräumen.

Achten Sie darauf, daß der Schlagzug von Weiß um drei Ecken führt.
In der Folge gewinnt Weiß sicher.

Beispiel 3
Bauen Sie folgende Position auf:

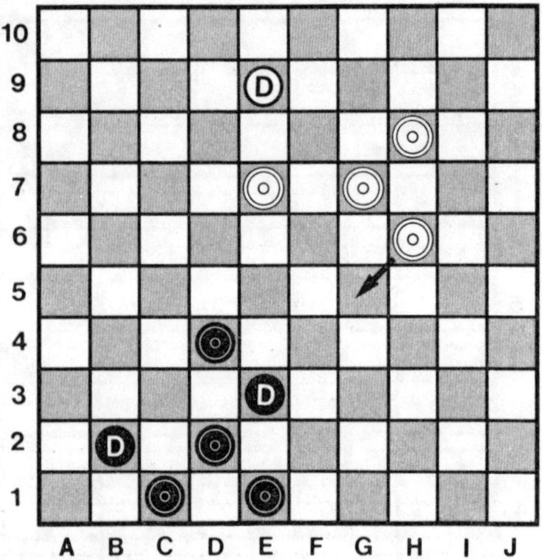

Bei dieser raffinierten Position kommen jetzt zum ersten Mal Damen ins Spiel.

	Weiß	Schwarz
1.	h6 – g5	e3 × i7 × f10 × d8 × f6
2.	g7 × e5 × c3 × a1 D	

Weiß bringt der hohen Schlagkraft der Dame ein brutales Opfer. Er muß sich seiner Sache schon recht sicher sein, denn ein einziges Steinchen bleibt ihm übrig, eine Dame allerdings.

Achten Sie vor allem auf den Schlagzug von Schwarz. Sie erkennen dort genau, wie eine Dame schlagen muß!

Weiß bringt das Spiel sicher nach Hause, denn seine Dame beherrscht die lange Diagonale.

Nach Schwarz d2 – e3 oder e1 – f2 zieht Weiß a1 – e5 und gewinnt, da Schwarz in eine Falle gezwungen wird.

Beispiel 4

Bauen Sie folgende Position auf:

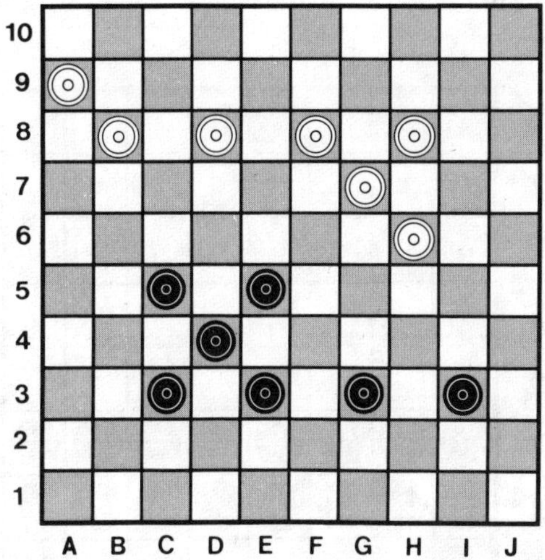

Diese besonders verheerende Kombination ist unter dem Namen »Coup Royal« bekannt.

	Weiß	Schwarz
1.	g7 – f6	e5 × g7 × e9 × c7
2.	b8 × d6 × b4 × d2 × f4 × h2 × j4	

Auch hier wird ganz deutlich, wie effektiv die Schlagmöglichkeiten dieser Variante sind.

Türkische Dame

Diese Damevariante wird auf dem normalen Schachbrett gespielt. Allerdings gibt es erhebliche Abweichungen zur normalen Dame, wie die folgende Startaufstellung zeigt.

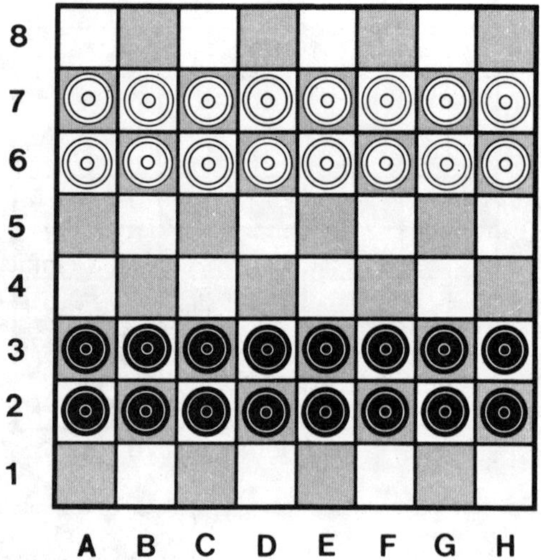

Regeln

- Jeder Spieler erhält 16 Steine.
- Gespielt wird auf den weißen und den schwarzen Feldern.
- Schwarz hat den ersten Zug.
- Ein Stein zieht nur in gerader Linie, nach vorne oder seitlich – ein Feld weit. Diagonale Züge oder Züge nach rückwärts sind nicht erlaubt.

- Ein Stein kann geschlagen werden, wenn hinter ihm ein Feld frei ist – er also vom Gegner übersprungen werden kann. Das Schlagen kann vorwärts und seitwärts erfolgen. Mehrere Steine können hintereinander geschlagen werden, auch in wechselnden (erlaubten) Richtungen.
- Es besteht Schlagzwang.
- Ein Stein wird zur Dame, wenn er die gegenüberliegende Grundlinie erreicht.
- Eine Dame kann in gerader Richtung über beliebig viele freie Felder ziehen: vorwärts, seitwärts und rückwärts.
- Eine Dame kann einzelne, gegnerische Steine durch Überspringen schlagen. Sie kann auf einem beliebigen, freien Feld nach dem geschlagenen Stein landen. Und wenn sich die Möglichkeit ergibt, gleich den nächsten (usw.) Stein schlagen.
- Ein Spieler gewinnt:
  Wenn er alle Steine des Gegners schlägt,
  wenn er die Steine des Gegners blockiert,
  oder wenn er mit einer Dame gegen einen einfachen Stein des Gegners steht.

Spielstrategien

Die andersartige Anordnung der Steine auf dem Spielbrett verlangt neue Überlegungen.
Am wichtigsten ist wohl die Tatsache, daß die Grundlinie hinter der Doppelreihe frei ist.
Das heißt: Es ist viel leichter möglich, einen Durchbruch zu erzielen, da die hintere Reihe ungedeckt ist. Zieht ein Spieler einen Stein aus der Startaufstellung vor, so ist für den Gegner schon die ideale Sprungposition gegeben. Die simpelste Überlegung ist, mit drei Steinen hintereinander anzugreifen. Bei einem Abtausch 2 : 2 bleibt natürlich ein eigener Stein übrig.
Zum Glück erlauben die Regeln das seitliche Ziehen der Steine, so daß ein solcher Versuch scheitern muß.

Mehr Erfolg versprechen da kombinierte Angriffe, doppelte Angriffe mit überraschenden Querzügen.
Durch die Beschränkung auf gerade Züge fällt den Randfeldern ein höherer Wert zu. Ein Stein auf einem normalen Feld kann von drei Seiten angegriffen werden. Ein Stein auf einem Randfeld nur von zwei.
Auch das Deckungsprinzip muß völlig neu bedacht werden. Zwei in gerader Linie benachbarte Steine sind eine gute Abtauschdrohung: Sie decken sich gegenseitig.
Bei zwei Steinen hintereinander ist dagegen der hintere ungedeckt.
Bei drei Steinen nebeneinander deckt der mittlere seine beiden äußeren Nachbarn.
Sie merken es schon: Die türkische Dame ist eine ausgefallene Variante mit vielen neuen Möglichkeiten. Auch für den guten Damespieler ist das eine bemerkenswerte Abwechslung.

Deutsche Dame

Regeln

Das »deutsche« Damespiel entspricht zu großen Teilen den Regeln der »Dame International«.
Abweichungen treten auf, sobald »Damen« ins Spiel kommen:

- Eine Dame zieht über freie Felder beliebig weit, in diagonaler Richtung – vorwärts und rückwärts.
- Ein Stein wird zu einer Dame, wenn er auf einem Feld der gegnerischen Grundlinie seinen Zug beendet. Handelt es sich bei diesem Zug um einen Schlagzug, der von der Grundlinie aus fortgesetzt werden kann, so muß der Stein weiterziehen (schlagen), er wird nicht zur Dame.
- Eine Dame kann in vier Richtungen schlagen. Geschlagen wird durch Überspringen eines einzelnen, gegnerischen Steins. Die Dame muß nicht direkt vor dem zu schlagenden Stein stehen, sie kann aus beliebiger Entfernung (geradeaus) über ihn hinwegspringen.
  Normalerweise ist es der schlagenden Dame auch freigestellt, auf welchem Feld sie landet. Aber: Gibt es in dieser diagonalen Reihe ein Feld, von dem aus der Schlagzug fortgesetzt werden könnte, so muß die Dame dort landen und weiter schlagen (usw.).

Spielstrategien

So geringfügig diese Regeländerung auch aussehen mag, in der Realität raubt der enorme Bewegungsradius der Dame dem Spiel einen großen Teil seiner Schönheit.
Als Spieler sind Sie versucht zu sagen, »Nur keine Dame zulassen, aber wenn schon eine Dame, dann eine für mich«.

Für die »Deutsche Dame« gibt es eigentlich nur einen schönen Lehrsatz:
Eine Dame kann sich gegen drei gegnerische Damen behaupten, solange sie die längste Diagonale besetzt hält.
Umgekehrt jedoch können die drei Damen den Sieg erzwingen.

Beispiel 1
Bauen Sie folgende Spielsituation auf:
Schwarz: Dame auf a7, b8 und d6
Weiß: Dame auf a1

Weiß ist am Zug. Was muß er tun? Erkennen Sie die Gefährlichkeit seiner Situation?
Nehmen wir an, Weiß zieht a1–b2.

Was macht Schwarz? Er kontert mit a7–d4, und Weiß muß zwei Damen schlagen und wird dann selbst zum Opfer.
Denn Weiß muß auf e5 landen und den Schlagzug fortsetzen.

Der Anfangszug von Weiß muß also nach h8 führen. Und für den Rest des Spiels ist erhöhte Aufmerksamkeit gefragt, um neuen Fallen rechtzeitig zu entwischen.

Beispiel 2
Bauen Sie folgende Spielsituation auf:
Schwarz: Damen auf a1, a7 und b8
Weiß: Dame auf e7

	Schwarz	Weiß
1.	b8 – f4	e7 – b4
2.	a7 – e3	b4 – e7
3.	a1 – c3	e7 – a3
4.	c3 – b2	a3 × c1
5.	f4 – h6	c1 × g5
6.	h6 × und gewinnt.	

Haben Sie das Prinzip erkannt? Zur Verdeutlichung folgen jetzt die anderen Zugmöglichkeiten von Weiß.

3a		e7 – f8
4a	c3 – g7	f8 × h6

Der Rest wie gehabt.

3b		e7 – d8
4b	f4 – d6	d8 – a5
5b	e3 – e1	a5 – d8
6b	e3 – b6	d8 × a5
7b	d6 – b4	und gewinnt.

Entsprechend die Zugfolge, wenn Weiß auf h4 geht.

4c		d8 – h4
5c	c3 – e1	h4 – f6
6c	e3 – g5	f6 × h4

Und der Rest wie bekannt.

Altdeutsche Dame: das Dammspiel

Regeln

Die ältesten bekannten Regeln dieses Spiels werden hier wiedergegeben. Sie unterscheiden sich doch erheblich von den heutigen Formen des Damespiels.
Gespielt wird auf dem normalen Schachbrett. Die Startaufstellung der jeweils 16 Steine zeigt die folgende Abbildung.

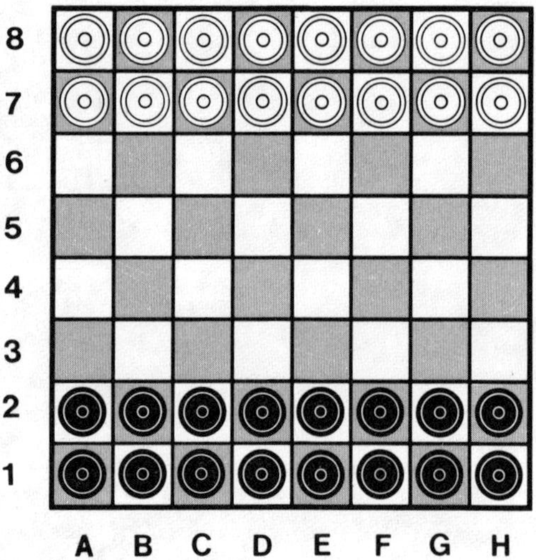

- Ein Stein zieht immer ein Feld weit nach vorne, diagonal nach rechts oder nach links. Dadurch bleibt jeder Stein auf den Feldern der Farbe, auf der er zu Beginn des Spiels steht.

- Geschlagen wird wie üblich durch Überspringen, es herrscht Schlagzwang.
- Ein (normaler) Stein kann in fünf Richtungen schlagen:
  seitlich nach rechts und links,
  gerade nach vorne und
  schräg nach vorne (rechts und links).
- Erreicht ein Stein die gegnerische Grundreihe, so endet dort immer der Zug und der Stein wird zur Dame.
- Eine Dame kann in alle acht Richtungen ziehen und schlagen. Auch die Dame darf immer nur ein Feld weit ziehen.

Italienische Dame

Regeln

Diese Damevariante wird weitgehend nach den Regeln von »Dame International« gespielt.
Zu beachten sind die folgenden Abweichungen:
Das Spielbrett wird so gelegt, daß sich die Doppelecke (mit dem weißen Eckfeld) links vom Spieler befindet.

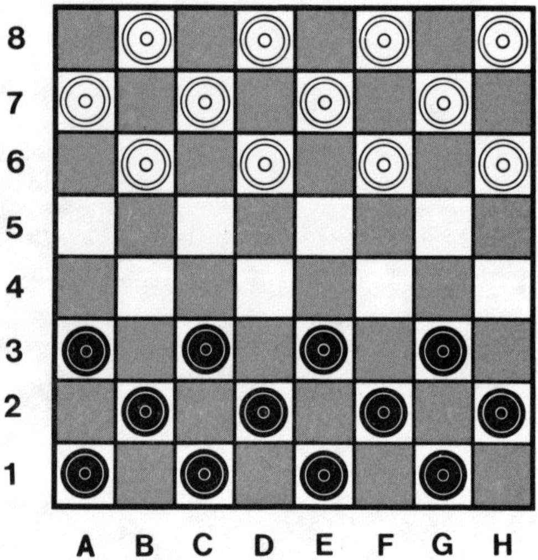

- Ein Stein kann eine Dame nicht schlagen.
- Hat ein Spieler mehrere Schlagmöglichkeiten zur Auswahl, so muß er die nutzen, mit der er die meisten Steine schlagen kann.

- Hat ein Spieler mit einer Dame mehrere Schlagmöglichkeiten, mit jeweils gleicher Anzahl an zu schlagenden Steinen, so muß dort geschlagen werden, wo die wertvolleren Steine (Dame) betroffen sind.

Spanische Dame

Regeln

Gespielt wird nach den Regeln der »Italienischen Dame«. Veränderungen gibt es nur bei der Zugmöglichkeit der Dame selbst.

- Eine Dame kann einen einzelnen gegnerischen Stein aus beliebiger (gerader) Entfernung schlagen. Nach dem Schlagen kann die Dame auf einem beliebigen Feld landen – durchweg freie Felder vorausgesetzt.
- Hat eine Dame jedoch mehrere Schlagmöglichkeiten in einem Zug (Schlagzwang), so muß sie alle nutzen. Dabei ist zu beachten, daß übersprungene Steine erst nach dem Zug entfernt werden und daß kein Stein zweimal übersprungen werden darf.

Weitere Varianten

Eckdame

Eine hübsche Abwechslung kann diese Damevariante sein, die als der Vorläufer unseres Halmaspiels gilt, das ja erst um 1880 erfunden wurde.
Jeder Spieler erhält 9 Steine einer Farbe, die in folgender Anordnung auf das Brett gesetzt werden.

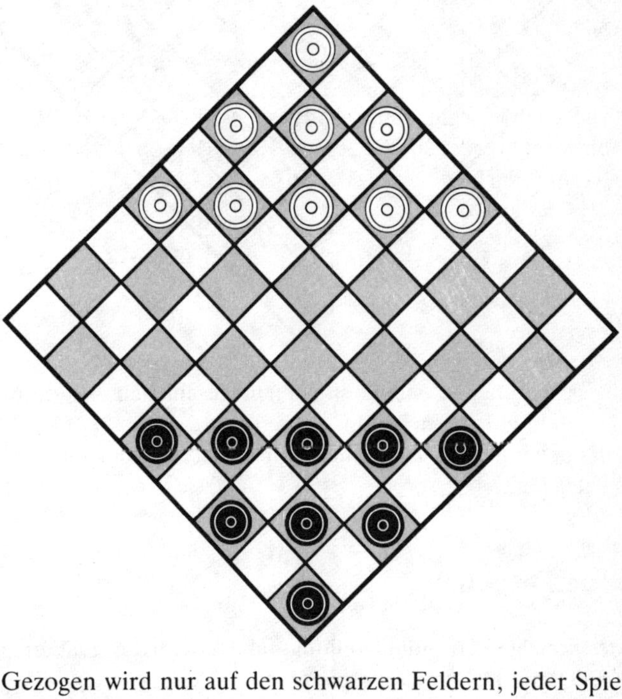

- Gezogen wird nur auf den schwarzen Feldern, jeder Spieler bewegt abwechselnd einen Stein.

- Ein Stein zieht um ein Feld weiter – geradeaus, nach rechts oder nach links. Gegnerische Steine dürfen übersprungen werden, wenn das Feld dahinter frei ist.

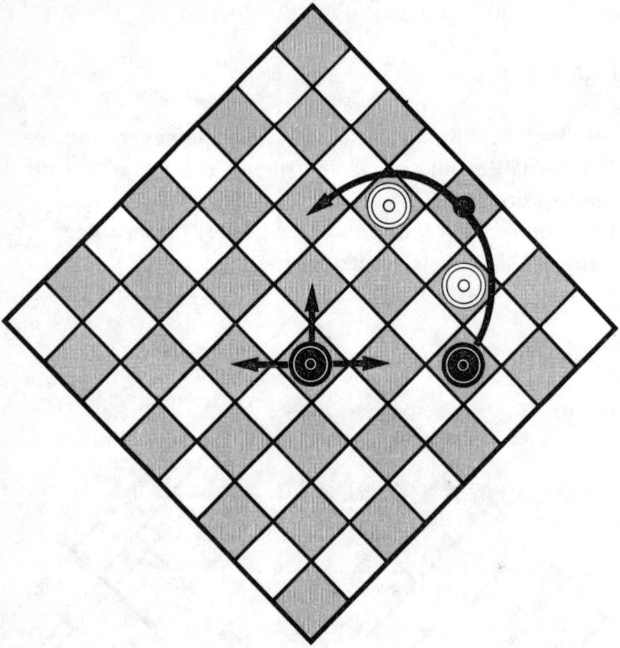

- Übersprungene Steine sind nicht geschlagen, sondern verbleiben auf ihrem Feld.
- Es gewinnt, wer zuerst die neun Startfelder des Gegners besetzt hat.

Dame Diagonal

Mit ähnlicher Grundaufstellung, aber richtigen Dameregeln, wird »Dame Diagonal« gespielt.
Fast jede der bekannten Dameregeln kann benutzt werden, die

uneingeschränkt gelten. Bedingt durch die Lage des Bretts können die Steine allerdings nur nach vorne oder nach den Seiten ziehen – nach rechts oder links.
Zwei verschiedene Varianten sind möglich, die sich nur in der Anzahl der verwendeten Steine und im Aufbau unterscheiden.

Variante I
Jeder Spieler erhält 12 Steine einer Farbe, die folgende Abbildung zeigt die Startposition.

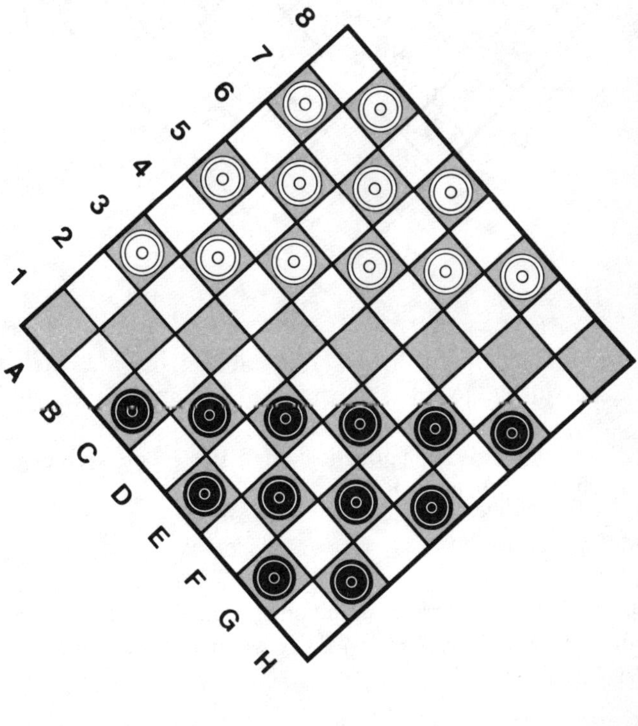

- Ein Stein wird zur Dame, wenn er seinen Zug auf einem der mit »D« gekennzeichneten Felder beendet.

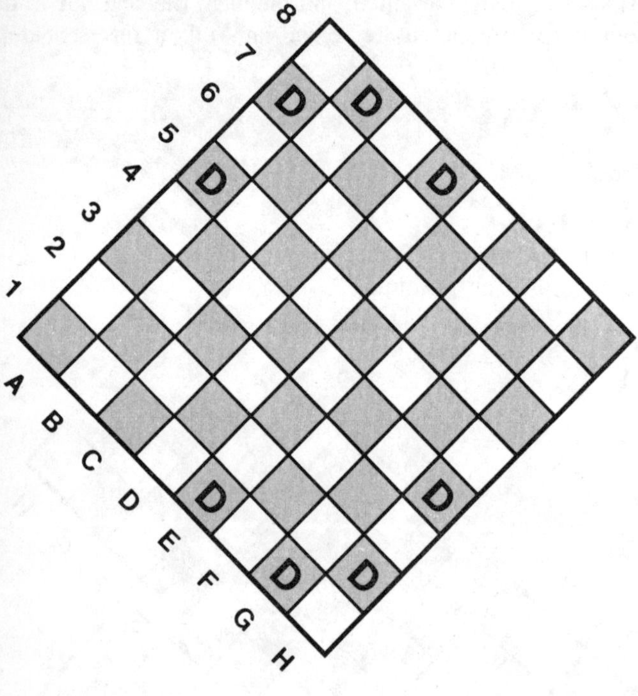

- Ein Stein zieht ein Feld weit: geradeaus, nach rechts oder nach links. Geschlagen wird durch Überspringen; übersprungene Steine werden entfernt.
- Die Zug- und Schlagmöglichkeiten der Dame richten sich nach den gewählten Regeln.

Tips zum Spiel
Viel Platz für den Spielaufbau gibt es nicht. Der Spieler (Schwarz), der den ersten Stein bewegen muß, wird diesen auch sofort verlieren - und Weiß wird den Stein verlieren, mit dem er geschlagen hat.

Es ist also von großer Bedeutung, mit welchem Stein man das Spiel eröffnet.

Variante II

Jeder Spieler erhält 9 Steine, die entsprechend der folgenden Abbildung gesetzt werden.

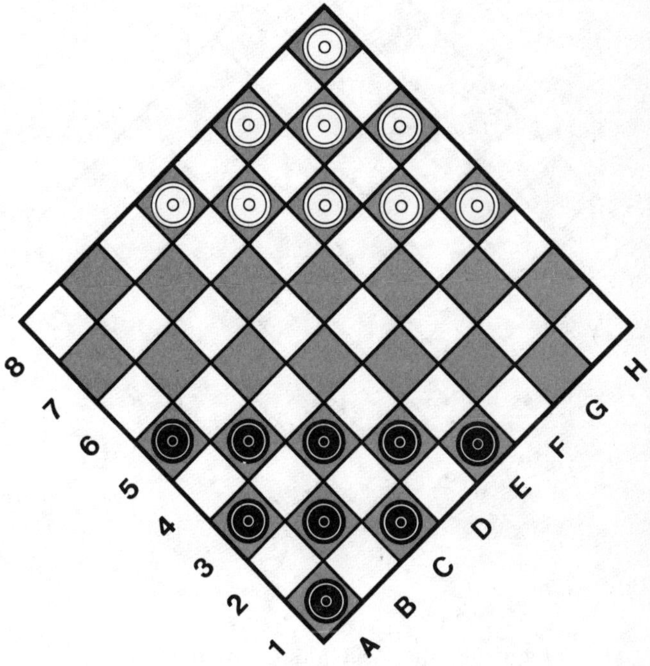

- Ein Stein wird zur Dame, wenn er seinen Zug auf einem der mit »D« bezeichneten Felder beendet.

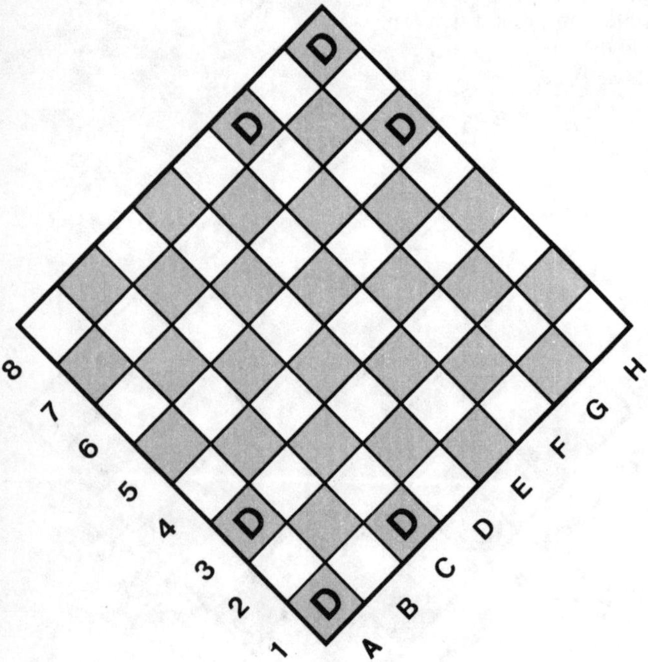

- Ansonsten gelten die Regeln der Variante I.

Tips zum Spiel
Die Spieler haben hier etwas mehr Platz zum Spielaufbau, und es geht nicht sofort zur Sache.

Schlagdame

Eine amüsante Umkehrung des normalen Damespiels bietet diese Variante.
Hier gewinnt, wer zuerst alle seine Steine verloren hat. Es herrscht Schlagzwang.
Im Spiel geht es darum, seine Steine dem Gegner so zu präsentieren, daß er schlagen muß.
Diese Variante kann mit allen bekannten Dameregeln gespielt werden.

Moderne Varianten

Das Damespiel hat schon immer kluge Köpfe zu eigenen Entwicklungen angeregt und oft sind hervorragende Spiele entstanden. Zwei moderne Varianten möchten wir Ihnen hier vorstellen.

Salta

Der Hamburger Musiker Karl Büttgenbach erfand im Sommer 1899 dieses Spiel. Innerhalb kurzer Zeit verbreitete es sich durch ganz Deutschland, und heute gilt es als eines der klassischen Zwei-Personen-Spiele.

Die Vorbereitung des Spiels
Gespielt wird auf einem Brett mit 100 Feldern. Jeder Spieler erhält 15 Steine einer Farbe, meist Rot (Schwarz) und Grün (Weiß).
Die 15 Steine eines Spielers sind besonders gekennzeichnet, wie die folgende Abbildung zeigt.

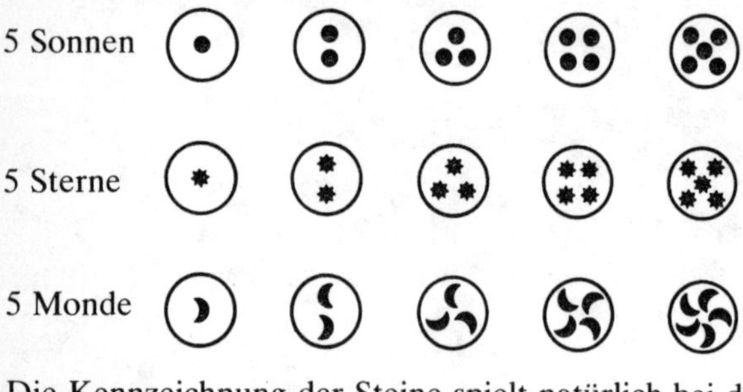

Die Kennzeichnung der Steine spielt natürlich bei der Startaufstellung eine Rolle.

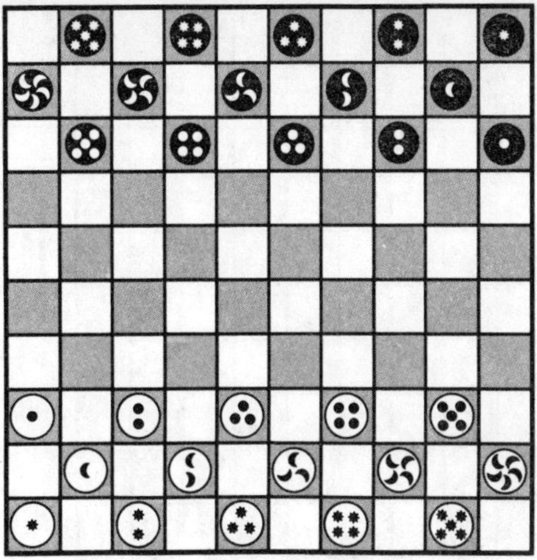

In der ersten Reihe stehen die Sonnen, in der zweiten Reihe die Monde und in der dritten die Sterne.

Hinweis: Dieses Spiel können Sie leicht selbst basteln. Normale Damesteine gibt es in gut sortierten Spielwarengeschäften zu kaufen. Für die Kennzeichnung der Steine benutzen Sie Selbstklebeetiketten, die Sie Rot und Grün anmalen und mit den Symbolen versehen. Hundertfeldrige Damebretter gibt es ebenfalls als Zubehör zu kaufen.

Das Ziel des Spiels

Beide Spieler versuchen, ihre Steine auf die gegenüberliegende Seite des Saltabretts zu bringen, so daß sie in derselben Reihenfolge stehen wie zu Beginn des Spiels (also links die niedrigsten Werte, rechts die höchsten; die Sterne in der ersten Reihe usw.).

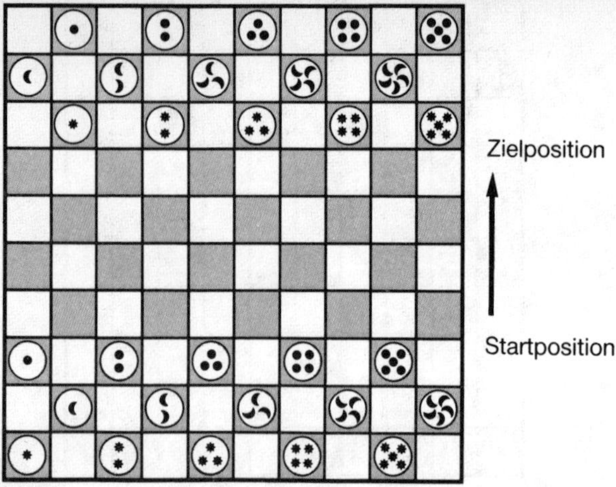

Regeln

- Beide Spieler ziehen abwechselnd jeweils einen Stein, Grün (Weiß) beginnt.
- Gezogen wird nur auf den schwarzen Feldern. Ein Stein kann in vier verschiedene Richtungen bewegt werden – auf ein benachbartes Feld.

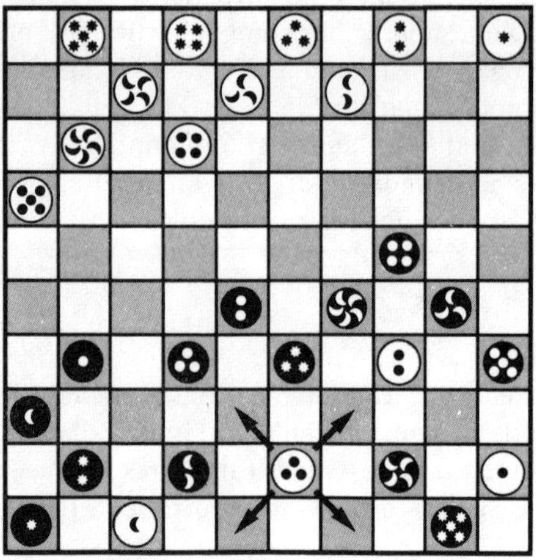

- Ist ein benachbartes Feld von einem gegnerischen Stein besetzt, so muß (!) dieser übersprungen werden, falls das in gerader Linie dahinter liegende Feld frei ist.

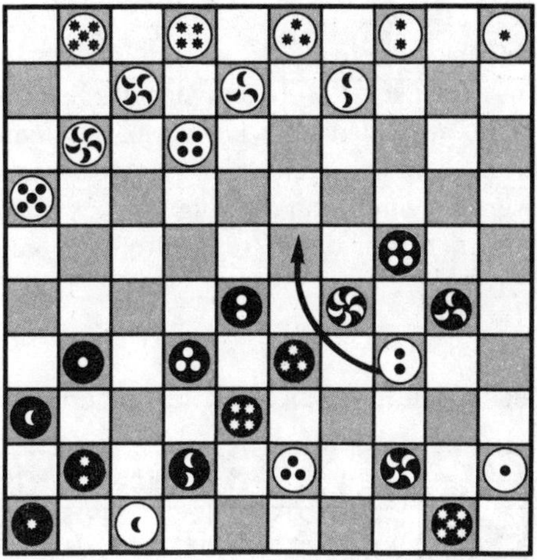

- Diese Sprungpflicht besteht aber nur, wenn sie von dem Gegner mit dem Ruf »Salta« angefordert wird.
- Über eigene Steine darf nicht gesprungen werden.
- Hat ein Spieler mehrere Möglichkeiten zum Überspringen, so wählt er selbst eine davon aus.
- Mehrere Sprünge hintereinander (Kettensprünge) sind nicht gestattet.
- Gegnerische Steine können durch Blockade aufgehalten werden. Allerdings ist es nicht erlaubt, einen Stein des Gegners so einzuschließen, daß er überhaupt nicht mehr ziehen kann. Zumindest eine Zug- oder Sprungmöglichkeit muß ihm offengelassen werden.
- Das Spiel endet, wenn ein Spieler die Siegposition erreicht hat. Der Verlierer muß ermitteln, wieviele Züge er noch machen müßte, bis auch er das Ziel erreicht. Diese Anzahl der Züge wird dem Gewinner als Pluspunkte gutgeschrieben.

- Stehen nach dem 120sten Zug die Steine der beiden Spieler noch bunt gemischt auf dem Feld, so ist es ab dann Pflicht, auf dem kürzesten Weg die Endposition anzustreben: also keine Blockaden mehr.

Turnierregeln

- Spätestens aber nach 120 Zügen wird das Spiel beendet. Für beide Spieler wird dann die Differenz der fehlenden Züge ermittelt und dem besseren Spieler gutgeschrieben. Bei dieser Endwertung zählt man die Züge so, als ob kein gegnerischer Stein mehr auf dem Brett wäre (den kürzesten Weg zum Ziel).

Ein Beispiel:
Nach 120 Zügen sieht das Spielbrett folgendermaßen aus:

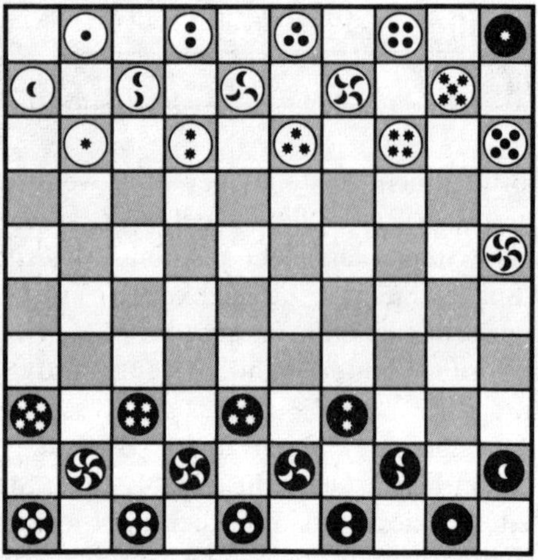

Rot (dunkle Steine) hat noch einen Stein in der Ecke rechts oben stehen, der von Grün blockiert wird. Der kürzeste Weg zum Ziel umfaßt für diesen Stein 7 Züge.

Grün (helle Steine) hat aber noch 10 Züge, bis alle seine Steine richtig geordnet auf den Zielfeldern stehen.

Grün verliert und Rot erhält 3 Pluspunkte (10−7=3). Das heißt, die Blockade der roten Steine durch Grün war sinnlos.

Laska

Der deutsche Schachweltmeister Emanuel Lasker ist unter den Schachgrößen insofern eine Ausnahme, als er sich nicht nur mit Schach, sondern auch mit anderen, einfacheren Spielen beschäftigt hat. Insbesondere Dame muß es ihm angetan haben, denn er hat eine der besten Varianten entwickelt, die es je zu diesem Spiel gegeben hat.

Die Vorbereitung des Spiels
Gespielt wird auf einem Brett mit 49 Feldern. Ein solches Feld erhalten Sie, wenn Sie je eine waagrechte und senkrechte Felderreihe des Damebretts abdecken.
Gespielt wird auf den weißen Feldern.
Jeder Spieler erhält 11 Steine einer Farbe.

Die folgende Abbildung zeigt die Ausgangsposition.

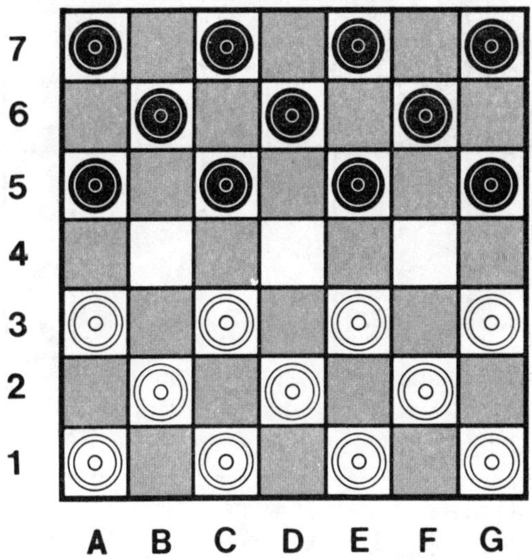

Zusätzliche 11 Steine jeder Farbe sollten auf der Oberseite und rundum (auf der Seite) markiert werden – mit weißer Korrekturflüssigkeit zum Beispiel und mit Filzstiften. Diese Steine sind die Offiziere, die später ins Spiel kommen.
Sie können natürlich auch jeweils 11 Steine in anderen Farben verwenden: Weiß = Offizier Grün
Schwarz = Offizier Rot
Die folgenden Spielplanfelder haben im Spiel größere Bedeutung: a1 – g1 – a7 – g7 und d4

Das Ziel des Spiels

Der Spieler gewinnt, der entweder:

- alle Steine des Gegners geschlagen hat; oder
- alle gegnerischen Steine so blockiert, daß sie nicht mehr ziehen können; oder
- wenn der Gegner aufgibt, weil er keine Chance mehr sieht.

Regeln

- Die Spieler kommen abwechselnd an die Reihe. Jeder darf einen Stein jeweils ein Feld weit ziehen – schräg nach vorne. Weiß hat immer den ersten Zug.

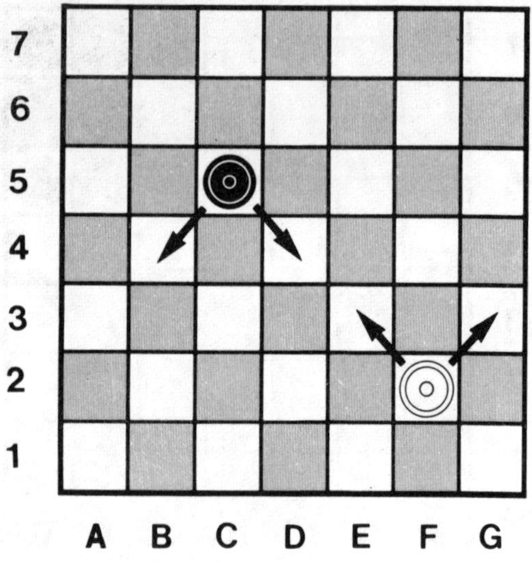

- Gegnerische Steine auf benachbarten Feldern müssen übersprungen werden, wenn das dahinter liegende Feld frei ist. Übersprungene Steine werden nicht vom Spielbrett entfernt, sondern vom schlagenden Stein mitgenommen.

Bitte achten Sie immer auf das Mitnehmen des einzelnen, übersprungenen Steins!

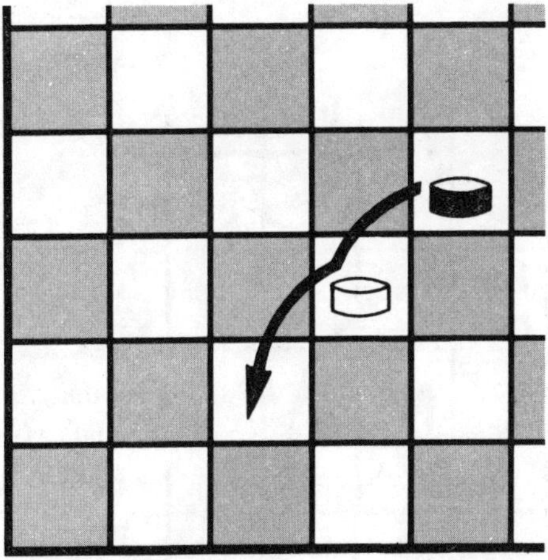

Vor dem Zug!

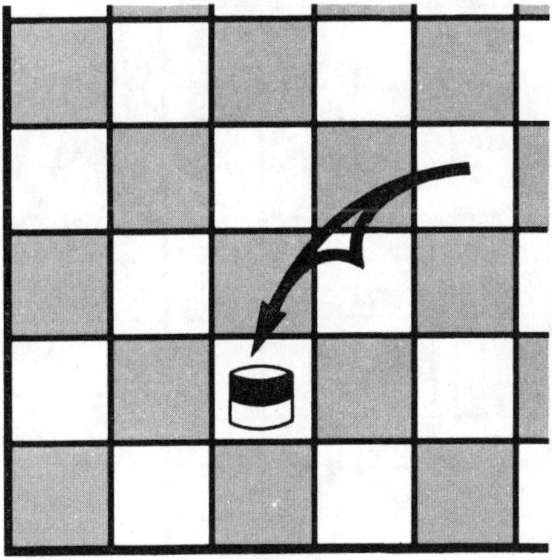

Nach dem Zug!

- Es herrscht absoluter Schlagzwang, und es müssen auch mehrere Steine hintereinander geschlagen werden, wenn sich die Chance dazu ergibt.
- Sobald ein Stein geschlagen wird, entsteht ein Turm. Zwei oder mehr Steine übereinander bezeichnet man als Turm.
- Ein Turm wird von dem Spieler geführt, dessen Stein obenauf liegt. Bewegt wird immer der ganze Turm. Kein Stein wird zurückgelassen.

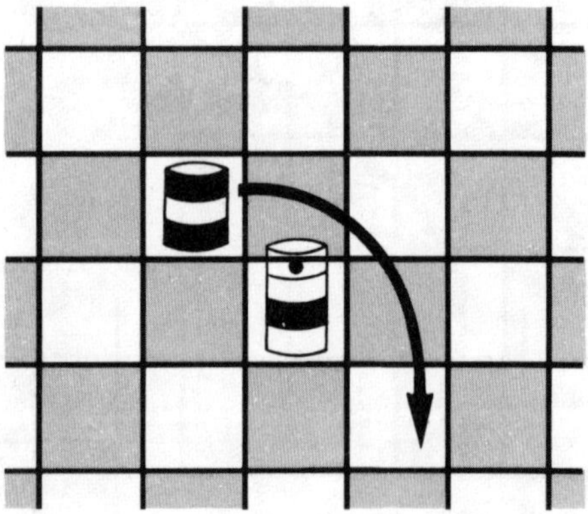

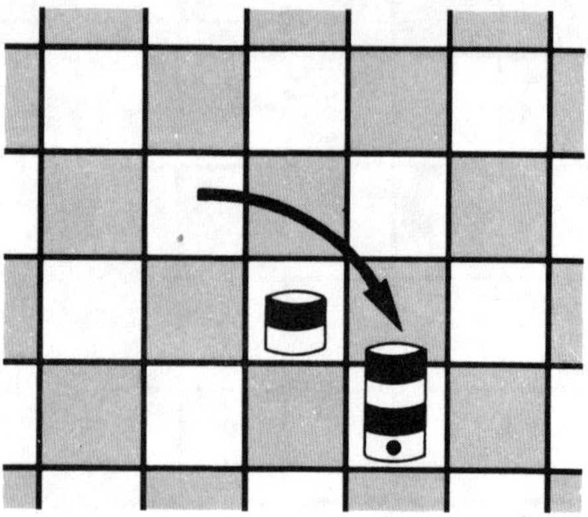

- Wird jedoch ein gegnerischer Turm übersprungen, so wird nur der oberste Stein mitgenommen. Die restlichen Steine des Turms verbleiben auf ihrem Feld.
- Türme ziehen und schlagen wie normale, einzelne Steine.
- Übersieht ein Spieler eine Schlaggelegenheit, so kann sein Gegner die Rücknahme des Zuges verlangen – der Schlagzug muß ausgeführt werden.
- Erreicht ein Stein oder ein Turm die gegnerische Grundlinie, so wird der oberste Stein zum »Offizier«. Das heißt, er wird nun gegen einen markierten Offizierstein ausgetauscht.

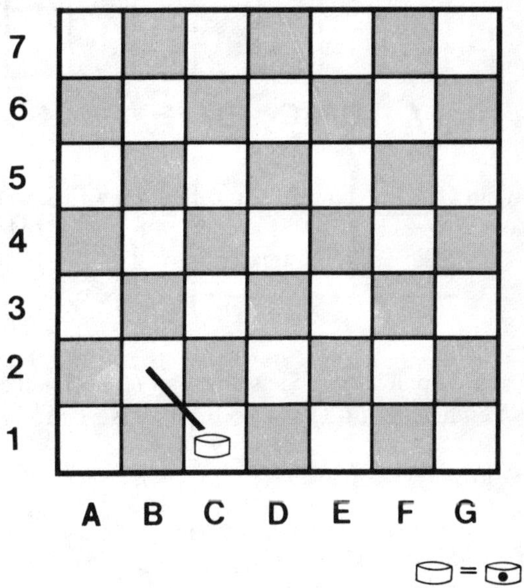

- Ein Offizier zieht und schlägt wie ein normaler Stein, zusätzlich darf er dies aber auch rückwärts. Ein Offizier kann also in alle vier Richtungen marschieren (ein Feld pro Zug) und schlagen (durch Überspringen eines benachbarten Steines).

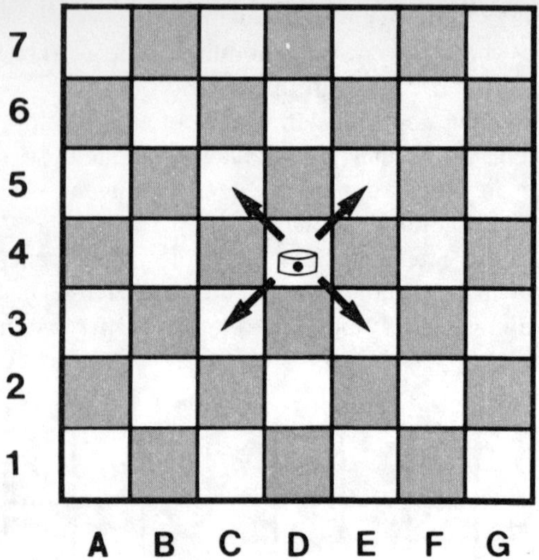

- Wird ein Offizier gefangen, so ruhen seine Eigenschaften bis zu dem Augenblick, bis er wieder befreit wird. Ab dann haben sie wieder volle Gültigkeit.

Spielstrategien

Das folgende Spiel sollten Sie selbst einmal nachvollziehen, um mit den Feinheiten von Laska vertraut zu werden.

	Weiß	Schwarz	
1.	c3 – b4	a5 × c3	
2.	b2 × d4	g5 – f4	
3.	e3 × g5	c5 × e3	
4.	d2 × f4	d4 × b2	
5.	a1 × c3	e5 – d4	
6.	e3 × c5	d6 ×× d2	
7.	b2 × d4	c5 × e3	Weiß verhindert Offizier von Schwarz.
8.	e1 × × e5	f6 × d4	

9.	f4 × d6	e7 × c5	
10.	d2 × f4	d4 – c3	
11.	g5 – f6	c3 – d2	
12.	f6 – e7	c5 – d4?	Siehe nächste Partie.
13.	e7 × c5!	d6 × b4	
14.	f4 × d6	c7 × e5	
15.	g3 – f4	e5 ×× e1	
16.	d6 – c7	d4 × f2	
17.	g1 × e3	e1 × g3	
18.	c7 ××× e1	a7 – b6	Weiß hat nun Gewinnstellung.
19.	b4 × d6	g7 – f6	
20.	d6 × b4	b6 – c5	
21.	b4 × d6	f6 – e5	
22.	d6 × f4	g3 × e5	
23.	e3 × g5	e5 – d6	
24.	a3 – b4		Schwarz gibt auf.

Diese Turnierpartie wurde wiederholt. Ab dem 12. Zug aber nahm die Partie einen anderen Verlauf. Schwarz verbessert seine Situation wesentlich und gewinnt.

12.	f6 – e7	d2 – e1
13.	e7 – f6	e1 – d2
14.	f6 × d4	c5 – b4
15.	a3 ×× e7	b6 – c5
16.	d4 × b6	a7 ×× a3
17.	e7 ×× a7	d2 – e1
18.	a7 × c5	b6 × d4

Schwarz (gespielt von Lasker selbst) steht nun bedeutend besser und kann die Partie gewinnen.
Aber der eigentliche Fehler steckt ganz woanders in dieser Partie. Vergleichen Sie diesen neuen Spielablauf ab dem 7. Zug.

7.	c1 × e3!	c3 × a1

8.	f4 – e5	f6 × d4	Weiß scheint irre zu sein?!
9.	g5 – f6	e7 × g5	
10.	e3 – f4	g5 × × c1	
11.	f2 – e3	d4 × f2	
12.	g1 ××× e7	c1 ×× g1	
13.	e7 – f5!	g1 × e3	Das war die Idee von Weiß!
14.	f6 ×× f2		Und Weiß gewinnt.

Eröffnung
Gute Eröffnung: c3 – d4

Weiß hat einen Eröffnungsvorteil, da er immer sofort einen schwarzen Stein gefangennimmt.

Schwarz benötigt eine gute Verteidigung, um überhaupt zur Entwicklung zu kommen.

Die Geschichte des Damespiels

Um die Entstehungsgeschichte des Damespiels ranken sich fast ebenso viele Legenden wie um die des Schachs.
Während sich aber bei Schach der Weg über rund 2 000 Jahre bis zurück nach Indien verfolgen läßt, ist dies beim Damespiel nicht gelungen: Es ist bis heute nicht nachzuweisen, daß außerhalb Frankreichs, Englands, Spaniens und dessen Provinzen vor dem Jahre 1500 n. Chr. Dame gespielt wurde.
Wohl gibt es Bilddarstellungen aus dem Altertum, zum Beispiel Achill und Ajax beim Brettspiel vor Troja (auf einer Amphora des Exekias aus dem 5. Jahrhundert v. Chr.), aber bewiesen ist damit auch nur, daß die alten Griechen Brettspiele kannten.
Die Entstehung des Damespiels ist untrennbar verbunden mit dem Auftauchen des Schachspiels in Europa. Die Araber, die das Spiel nach der Eroberung Persiens dort kennengelernt hatten, brachten es um das 9. Jahrhundert nach Europa.
Über Spanien kam Schach nach Frankreich, über Italien und aus dem Norden nach Deutschland. Schriftliche Zeugnisse belegen das Vorhandensein des Spiels (1010 in Catalonien, 1058 in Nimes, 1040 in Stöbeck bei Halberstadt).
Das Schachspiel der damaligen Zeit litt stark unter der beschränkten Gangweise der Figuren. Es bestand ja damals ein sichtbarer Zusammenhang zwischen Figur und Zug: Der König hatte freie Bahn in alle Richtungen, die anderen Figuren waren in der Gangart eingeschränkt. Nach orientalischer Denkweise durfte keine andere Figur dem König an Macht gleichgestellt sein, was dazu führte, daß bei der Umwandlung des indischen Viererschachs zum Zweierschach aus zwei Königen »Wesire« wurden – Feldherren, die nur einen Schritt in diagonaler Richtung tun konnten.
Der arabische Name dieser Figur ist »fers« (fersan, fersana), was Statthalter, Heerführer, oberster Feldherr bedeutet. Die la-

tinisierte Form »Fercia« wird schon in der im 13. Jahrhundert entstandenen Schrift »Bonus Socius« durchweg als »regina« (Königin) bezeichnet. Erst gegen Ende des 15. Jahrhunderts erhielt die Königin die unbegrenzte, diagonale Zugweite und wahrscheinlich sorgte die Minnezeit für die Namensänderung in »Dame«.

In diese Zeit des Experimentierens mit dem damals schwerfälligen Schachspiel fällt die Erfindung bzw. Entwicklung des Damespiels. Wahrscheinlich entstand das Spiel in Südfrankreich, aber zu belegen ist diese Annahme nicht.

Gespielt wurde auf dem Schachbrett, aber nur auf den Feldern einer Farbe. Jeder Spieler erhielt 12 Spielsteine, »ferses« genannt. Diese Steine waren mit dem Zugmechanismus der gleichnamigen Steine (Wesir) aus dem Schach ausgestattet: ein Feld in diagonaler Richtung gehen.

Als Spielsteine wurden die flachen Backgammon-Steine benutzt. Auch dieses Spiel war zur damaligen Zeit schon bekannt, in Europa unter dem Namen »Tables«.

Das neue Spiel wurde »Fierges« genannt. Interessant ist, daß das Spiel seinen Namen »Dame« zu dem Zeitpunkt erhielt, als im Schachspiel die Figur der »Dame« auftauchte.

Möglicherweise hat auch ein anderes Spiel zur Entstehung von »Dame« beigetragen: »Alquerque«.

Eine komplette Regelbeschreibung dieses Spiels findet sich im »Codex Alphonso«, dem Schachzabelbuch des Königs Alfons des Weisen aus dem Jahre 1283.

Der spanische König begann ein Jahr vor seinem Tod, seinen Schreibern das »Buch der Spiele« zu diktieren. Eines dieser Spiele ist »Alquerque«.

Alquerque ist ein Spiel für 2 Personen, von denen jeder über 12 Steine einer Farbe verfügt. Gespielt wird auf einem Brett mit 25 Schnittpunkten (5×5), durch gerade und diagonale Linien miteinander verbunden. Die Steine werden so auf das Spielbrett gesetzt, daß nur das mittlere Feld frei bleibt.

- Die Spieler kommen abwechselnd an die Reihe. Ein Spieler zieht einen Stein auf den nächsten, freien Schnittpunkt. Steht auf einem benachbarten Punkt ein gegnerischer Stein, und ist der Punkt hinter diesem Stein frei, so muß er übersprungen werden. Übersprungene Steine werden vom Brett genommen.

- Sprungserien, auch mit wechselnden Richtungen sind erlaubt. Nutzt ein Stein seine Schlagmöglichkeit nicht, so gilt er selbst als geschlagen. Es gewinnt, wer zuerst alle Steine des Gegners geschlagen hat.

Das »Damespiel« entstand also aus dem Spielbrett des Schachs, den Spielsteinen des Backgammons, den Zugmöglichkeiten des Wesirs aus Schach, identisch mit der des Alquerque-Steins, dessen Schlagmöglichkeit ebenfalls übernommen wurde.

Das Damespiel der damaligen Zeit kannte noch keinen Schlagzwang. Der entstand erst um 1535, und das in Frankreich sehr beliebte Spiel wechselte den Namen. »Le jeu plaisant de Dames« wurde zu »Jeu force«, zu dem Spiel, wie es sich heute noch präsentiert.

Dame war eines der Spiele, über das schon früh Bücher geschrieben wurden. Die ersten drei Titel waren:

- 1547 von Antonio Torquemada aus Valencia;
- 1668 von Pierre Mallet »Le Jeu De Dames«;
- 1756 von William Payne »Guide to the Game of Draughts«.
  Es ist heute kaum zu erklären, weshalb bei uns Dame zu einem Kinderspiel wurde. War es wirklich nur die Regeländerung allein? In fast allen europäischen Ländern steht das Damespiel in hohem Ansehen, bei uns gilt es als »kindisches« Spiel.

Sehr schade! Aber vielleicht können Sie mit dazu beitragen, Dame auch bei uns wieder populär zu machen.

Lösungen der Dame-Aufgaben

Eröffnungen

Aufgabe 1

	Schwarz	Weiß
3.		g5 – h4
4.	b4 × d6	h4 × f2
5.	e1 × g3	c7 ××× e1

Aufgabe 2

	Schwarz	Weiß
3.		c5 – d4!
4.	e3 × c5	e5 – f4
5.	g3 × e5	f6 ×× b2
6.	a1 × c3	c7 – b6
7.	a5 × c7	d8 ××× b2

Aufgabe 3

	Schwarz	Weiß
6.		c5 – b4!
7.	a3 × c5	h6 – g5
8.	h4 × f6	g7 ×× c3
9.	d2 × b4	b6 ×× f2
10.	g1 × e3	e7 ×× a3

Abtausch

Aufgabe 4

	Schwarz	Weiß
1.		e5 – f4
2.	g3 × e5	e7 – f6
3.	g5 × e7	f8 ××× d2

Aufgabe 5

	Schwarz	Weiß
1.		e5 – f4
2.	g3 × e5	c7 – d6
3.	e5 × c7	d8 ××× b2

Aufgabe 6

	Schwarz	Weiß
1.		e3 – d2
2.	c1 × e3	e7 – f6
3.	e5 × g7	f8 ××× d2

Rückprall

Aufgabe 7

	Schwarz	Weiß
1.		c7 – d6
2.	a5 × c7	e5 – d4
3.	c3 × e5	d6 × f4
4.	g3 × e5	b8 ×× f4

Schwarz verliert wegen Zugzwang.

Aufgabe 8

	Schwarz	Weiß
1.		f6 – e5
2.	h4 × f6	d4 – e3
3.	f2 × d4	e5 × c3
4.	b2 × d4	g7 ×× c3

Schwarz verliert wegen Zugzwang.

Aufgabe 9

	Schwarz	Weiß
1.	b6 – c7	c3 – b2
2.	a1 ×× e5	d6 × f4
3.	g3 × e5	b8 ×× f4

Schwarz verliert wegen Zugzwang.

Zugzwang

Aufgabe 10

	Schwarz	Weiß
1.		e1 – d2
2.	g7 – f8 D	d2 – c3
3.	f8 – e7	c3 – b2
4.	e7 × c5	b2 – a3

Schwarz ist in Zugzwang und verliert.

Aufgabe 11

	Schwarz	Weiß
1.		f8 – e7
2.	b2 – a3	e7 – d6
3.	a3 – b4	f4 – e5
4.	h4 – g5	e5 – d4
5.	g5 – f6	d4 – c3
6.	f6 – e7	c3 – b2
7.	e7 × c5	b2 – a3

Schwarz ist in Zugzwang und verliert.
Zum Beispiel so:

8.	a5 – b6	c7 ×× c3

Weiß erreicht eine 2. Dame, treibt Schwarz in die Enge und gewinnt.

Aufgabe 12

	Schwarz	Weiß
1.		b8 – a7
2.	b6 – c5	a7 – b6
3.	c5 × a7	c3 – d2
4.	a7 – b6	d2 – e1 D
5.	b6 – c7	e1 – f2
6.	c7 – d6	f2 – g1
7.	d6 × f4	g1 – h2

Schwarz ist in Zugzwang und verliert.

Doppelecke

Aufgabe 13

	Schwarz	Weiß
1.		a7 – b6!
2.	c5 × a7	e5 – d6

Schwarz verliert.

Aufgabe 14

	Schwarz	Weiß
1.		c3 – d2!
2.	c1 ×× c5	b4 × d6

Schwarz verliert.

Aufgabe 15

	Schwarz	Weiß
1.		e1 – d2
2.	c3 – d4	d2 – e3
3.	d4 – e5	d8 – e7!
4.	g7 – f8 D	e3 – f4!
5.	f8 × d6	b8 – c7
6.	d6 × b8	f4 × d6

Schwarz verliert.

ETB 21016 **DM 8,80**
146 S.

ETB 21020 **DM 8,80**
116 S.

ETB 21025 **DM 7,80**
96 S.

ETB 21028 **DM 9,80**
144 S.